서울대 MBA에서
가르치는 경영 이야기

인적자원관리 마스터하기

서울대 MBA에서 가르치는 경영 이야기

인적자원관리 마스터하기

미래 성장을 위한 인재 관리 인사이트

초판 1쇄 발행 2025년 5월 10일

지은이 김성수

펴낸곳 서울대학교출판문화원
주소 08826 서울 관악구 관악로 1
도서주문 02-889-4424, 02-880-7995
홈페이지 www.snupress.com
페이스북 @snupress1947
인스타그램 @snupress
이메일 snubook@snu.ac.kr
출판등록 제15-3호

ISBN 978-89-521-3941-2 04320
978-89-521-3933-7 (세트)

서울대 MBA에서
가르치는
경영 이야기

인적자원관리 마스터하기

미래 성장을 위한 인재 관리 인사이트

김성수 지음

서울대학교출판문화원

발간사

경영학은 기업에서 일하는 사람에게만 필요하다는 오해가 있습니다. 하지만 현대 사회에서 경영학은 모든 사람이 알아야 할 상식입니다. 경영학을 공부하면 자영업을 비롯한 사업에 도움이 되는 것은 물론, 자신이 속한 조직에서 일을 더 잘할 수 있는 자양분이 됩니다. 외부 환경의 기회와 위협, 자신의 강점과 약점을 분석해서 전략을 수립하고 그것을 효율적으로 실행할 수 있는 방법은 무엇인지 더 잘 판단할 수 있기 때문입니다.

경영학은 재산을 관리하는 데도 활용됩니다. 퇴직연금은 어떻게 관리해야 하는지, 월세와 전세 중에서 어떤 것이 더 좋은지, 빚을 내서 집을 사야 할지에 대한 판단을 내릴 때 도움을 줍니다. 주식 투자를 할 때도 물론입니다. 재무제표를 해석하고, 어떤 기업이 성장해 더 큰 수익을 낼 수 있는지를 분석하는 데 도움을 주기 때문입니다.

경영학은 우리가 의미 있는 삶을 사는 데도 도움이 됩니다. 우리가 이루고자 하는 사명을 추구하면서 동시에 건강을 챙기고 화목한 가정을 이루기 위해 우리가 가진 시간과 관심을 어디에 얼마만큼 투자할 것인지를 결정하는 데 도움을 줄 수 있습니다.

그런데 일반인이 경영학을 공부하기가 쉽지는 않습니다. 대학 교재로 나온 두꺼운 책들은 경영학 전공 학생들을 독자로 상정하고 만든 것이기 때문입니다. 이번 시리즈는 일반인이 경영학의 핵심 내용을 쉽게 파악할 수 있도록 하기 위해 기획했습니다. 고등학교를 졸업한 사람이라면 스스로 읽어 쉽게 이해할 수 있고, 짧은 시간에 핵심을 파악할 수 있도록 핵심 위주의 적은 분량으로 책을 만들었습니다.

이 시리즈를 출간하는 과정에서 많은 분들이 도움을 주셨습니다. 특히 교육과 연구로 매우 바쁘신 중에도 시리즈의 기획 취지에 공감하여 작업에 동참해 주신 여덟 분의 교수님께 진심으로 감사드립니다.

서울대학교출판문화원 대표이사 원장

이경묵

머리말

현대의 경영 조직을 둘러싼 경제적·사회적 환경은 이전보다 더 빠른 속도로 변화하며 조직의 능동적 대응을 요구하고 있다. 인공지능AI을 필두로 한 기술혁명의 전개, 지정학적 위기로 인한 불확실성의 확대, 출생률 저하로 인한 경제적·사회적 활력 저하 등은 현대 경영 조직의 성장뿐 아니라 생존 자체도 위협하는 거대한 도전이다.

이러한 상황에서 조직의 장기적 생존을 담보하고 성장을 이루어 내기 위해서 조직이 수행해야 할 중요한 영역 중 하나는 인적자원관리다. 조직의 생존과 성장을 위해 효과적인 전략을 설계하고 필요한 활동(연구개발, 생산, 마케팅, 재무, 회계, 운영 관리, 정보시스템 등)을 효과적으로 수행하는 것이 필수적이지만 이 모든 활동을 담당하는 사람의 관리야말로 가장 중요한 관리 영역이라 할 수 있다.

그러나 조직에서 사람을 제대로 관리하는 것은 생각보다 훨씬 어려운 일이다. 많은 조직에서 사람 관리에 관한 기본적인 원칙 혹은 철학을 제대로 구축하지 못한 경우가 많고, 조직에 필요한 인적자원을 어떻게 개발하고 활용해야 하는지에 대한 구체적 계획과 정책이 부족한 경우가 매우 많다. 이 책은 조직에서 사람 관리와 관련하여 알아야 할 필수적인 내용들을 담았다. 아무쪼록 이 책이 인적자원관리에 관심 있는 독자들에게 도움이 되길 바라며, 더 나아가 일반 독자들에게도 유용하고 보다 쉽게 접할 수 있는 경영학 이야기가 되기를 기대해 본다.

2025년 2월 15일
눈 덮인 관악산을 바라보며
김성수

차례

1 | 인적자원관리의 체계

HUMA
N RES
OURCE

Human Resource Management

어느 조직이든 조직의 목표를 성공적으로 달성하기 위해서는 탁월한 인재들을 영입하고 그들이 우수한 성과를 내도록 동기를 부여하는 등 조직 구성원을 잘 관리하는 것이 필요하다. 『삼국지』에서 유비가 제갈공명이라는 천하의 인재를 얻기 위해 세 번이나 그의 거처를 찾았다는 삼고초려 이야기를 우리는 알고 있다. 또 삼성 그룹의 이건희 회장은 "한 명의 인재가 10만 명을 먹여 살린다"라고 하며 우수 인재의 중요성을 강조해 왔고, 이는 삼성전자 및 삼성 그룹의 여러 기업이 세계적 대기업이 되는 데 큰 역할을 했다.

물론 탁월한 인재 영입만으로 모든 것이 끝나는 것은 아니다. 인재를 영입한 이후에도 그들이 성과를 내도록 하려면 관리해야 할 영역이 많다. 이러한 일들을 통칭하여 인적자원관리라고 한다. 인적자원관리는 영어로 Human Resource Management[HRM]라고 하는데, 이는 사람을 인적자원[human resource]으로 여기고 관리한다는 뜻이다.

사람을 자원으로 본다는 것은 구체적으로 무슨 뜻일까? 석유와 같은 지하자원은 공장 가동이나 자동차 운행을 가능하게 하여 사람이 생산적인 활동을 할 수 있도록 도움을 준다. 마찬가지로 사람도 다른 사람에게 도움이 되는 기술을 개발하거나 제품을 만드는 등 생산적인 활동을 할 수 있기 때문에 하나의 자원으로 볼 수 있다. 사람을 자원으로 본다는 또 다른 의미는 지하자원을 개발하듯이 사람도 교육 및 훈련을 통해 개발될 수 있음을 뜻한다. 따라서 사람에 대한 다양한 투자는 당장에는 비용이 될 수 있지만 결국 비용을 능가하는 수익을 가져다줄 수 있기 때문에 사람을 자원으로 보고 효과적으로 개발, 관리하는 것은 경영자의 중요한 책무가 된다.

자원 기반 관점

조직에는 사람 이외에도 생산 설비, 기술 자원, 금융 자원 등 많은 자원이 있으며, 경영자는 이들 자원을 적절히 활용하여 소기의 목적을 달성한다. 자원은 다음의 세 가지 종류로 나누어진다.

- 유형자원tangible resource: 공장, 기계 등 눈에 보이는 물적 자원
- 무형자원intangible resource: 기술, 브랜드 등 눈에 보이지 않는 자원
- 인적자원human resource: 지식, 기술, 능력 등 사람이 보유한 자원

사람은 인적자원에 해당하며 여기서 주목해야 하는 것은 사람의 지식, 기술, 능력이다. 인적자원은 그 자체로도 중요하지만 나머지 자

원(유형자원과 무형자원)을 활용하거나 창출하는 주체라는 점에서 매우 중요하다. 오늘날에는 경영에서 인적자원의 중요성이 과거보다 더 크게 주목받고 있다.

어떤 조직은 우수한 인적자원을 확보하여 다른 자원도 잘 개발함으로써 뛰어난 성과를 보이지만, 어떤 조직은 우수한 인적자원을 확보하지 못하여 저조한 성과에 그친다. 그래서 대부분 조직은 인적자원을 효과적으로 관리하기 위해 인적자원관리를 조직의 중요 업무 중 하나로 간주하고 전문적인 인사 관리 담당자들을 채용하여 인적자원관리에 최선을 다하고 있다.

전략적 인적자원관리와 AMO 모델

앞서 살펴본 바와 같이, 인적자원관리가 효과적으로 수행되면 조직의 전략 수행에 크게 기여하고 경영 성과를 높일 수 있다. 이처럼 인적자원관리는 조직의 전략이나 성과에 큰 영향을 주기 때문에 조직에서 전략적strategic 중요성을 갖는다고 표현하며, 이와 같이 인적자원관리의 전략적 측면을 중점으로 연구하는 분야를 전략적 인적자원관리strategic HRM라고 한다.

전략적 인적자원관리 분야에서는 효과적인 인적자원관리가 어떤 과정을 거쳐 조직의 성과를 향상시키는지 이론적으로 연구하고 현장의 기업 데이터를 수집하여 검증한다. 이들 연구를 종합하여 나온 결과는 [그림 1]과 같다.

인적자원관리의 역할은 크게 세 가지로 구분된다. 첫째는 경력 개발 계획이나 교육·훈련 프로그램 등을 통해 조직 구성원의 능력ability을 향상시키는 것이고, 둘째는 평가 및 보상 제도를 통해 동기 부여motivation를 하는 것이며, 셋째는 기회opportunity를 넓히는 것이다. 기회 향상이란 조직 구성원이 창의적인 혹은 효과적인 업무 아이디어나 의견이 있을 때 어렵지 않게 업무에 적용할 수 있도록 기회를 주는 것을 말한다. 예전의 한국 기업들처럼 위계 서열이 강한 조직에서는 하위 직급자가 이런 기회를 갖기 어려운데, 요즘 한국 기업들은 직급 단계를 줄이거나 수평적 조직 문화를 추구하면서 이런 기회를 구성원들에게 주고자 노력하고 있다. 인적자원관리의 이런 세 가

[그림 1] 인적자원관리와 기업 성과의 AMO 모델

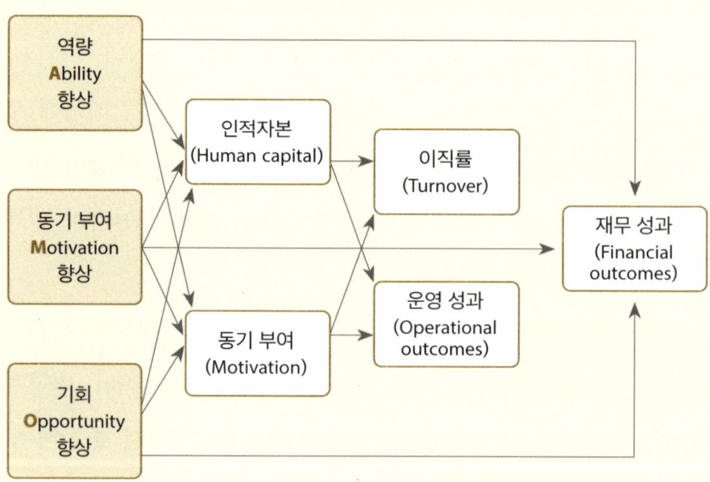

지 역할은 영어 단어의 앞 글자를 A, M, O로 표기하므로, 이를 AMO 모델이라 부르기도 한다.

이처럼 인적자원관리의 AMO가 제대로 수행되면 먼저 구성원의 인적자본human capital이 증가하는데, 이는 구성원의 지식, 기술, 능력이 증가하는 것을 의미한다. 또 구성원의 동기 부여 수준도 향상되어 구성원이 더 성실히 업무에 임하게 된다. 이렇게 되면, 구성원의 이직률이 하락하고 재직 기간이 길어지면서 업무 숙련도가 높아지고 조직과의 일체감도 상승한다. 또한 조직의 운영 성과(혁신적 제품·서비스 개발, 고객 만족, 생산성 향상 등 조직의 주요 업무에서 달성해야 하는 성과)도 향상되어 궁극적으로는 매출액과 이익 등의 재무 성과가 향상된다. 즉, [그림 1]에서 제시한 AMO 모델의 첫 번째 요점은 효과적인 인적자원관리를 통해 조직은 구성원들의 역량과 동기 부여 수준을 높일 수 있고, 이는 결국 조직의 성과 향상으로 귀결된다는 것이다.

AMO 모델의 두 번째 요점은 인적자원관리가 조직 성과를 향상시키기까지 여러 단계를 거치면서 통상 여러 해의 시간이 걸린다는 것이다. 이 점은 인적자원관리의 약점이라 할 수 있는데, 다른 부서의 경우 성과를 거두는 데 이보다 적은 시간이 소요되는 것이 일반적이기 때문이다. 예를 들어, 영업 부서에서 광고나 할인 행사 등을 집행하면 보통 고객의 반응을 단시일 내에 이끌어 낸다. 즉, 노력과 성과 간의 시차가 매우 적다. 그러나 인적자원관리는 노력과 성과 간의 시차가 여러 해 소요되기도 하여 조직에서는 이런 활동이 성과에 기여했는가를 쉽게 확인하기 어렵다. 또한 이를 확인한다 해도 시차로 인해 인적자원관리에 노력을 기울이고 자원을 투입하는 데 소극적일 수 있다. 이런 시차 문제에서 자유로운 조직은 인적자원관리를 인내심을 갖고 장기적 관점에서 운영하는데, 오늘날에는 주로 단기적인 경영 성과가 요구되므로 인적자원관리의 성과 도출에 시간이 걸린다는 점은 이러한 활동을 활발히 전개하는 데 장애가 되곤 한다.

이런 문제를 극복하고 인적자원관리에 많은 자원을 투입하고 노력을 기울인 대표적인 사례로 삼성 그룹을 들 수 있다. 이건희 회장은 인적자원관리의 전략적 중요성을 인지하고 글로벌 인재 영입과 양성에 많은 노력을 기울였다. 특히, '지역전문가 제도'라는 글로벌 인재 양성 제도를 1990년부터 시행하여 매년 100~200명의 사원을 해외에 파견하여 현지의 언어와 문화를 배워 오게 했다. 파견된 기간 동안 급여를 전액 지급했고 해외 체재비도 지원했다. 이처럼 지역전문가 제도는 비용이 많이 드는 인재 양성 제도이기 때문에 시행이 결코 쉽지 않았다. AMO 모델에서도 설명한 바와 같이, 인적자원관리 제도가 효과가 나타나는 데 시간이 걸리므로, 이에 대한 확신이 없다면 시행이 쉽지 않다. 그러나 삼성 그룹의 이건희 회장은 뚝심과 혜안으로 지역전문가 제도를 밀어붙여 시행했고, 결국 이를 통해 양성된 인재들이 삼성의 세계적 도약을 이끄는 데 크게 기여하게 된다. 지금까지 90여 개국에 약 7,000명의 사원이 파견되었으며, 2020년 발발된 코로나 기간 동안 해외여행이 원활하지 못하여 몇 년간 일시 중단되었다가 2023년부터 재개되었다. 지금은 많은 기업이 이 제도를 벤치마킹하여 시행하고 있다. 미래를 대비하는 선제적 인재 양성의 중요성을 보여 주는 대표적인 제도라고 할 수 있다.

전략적 동반자로서의 인적자원관리

AMO 모델과 삼성의 지역전문가 제도가 주는 교훈은 먼저 효과적인 인적자원관리를 위해서는 조직이 미래에 경쟁 우위를 확보하기 위해 어떤 역량을 갖추어야 하는가를 파악해야 한다는 것이다. 이는 미래의 경쟁 환경을 예측하고 미리 준비하기 위한 핵심적인 활동이라 할 수 있다. 이렇게 어떤 역량을 갖추어야 하는가를 파악한 후에는 중장기적 관점에서 그런 역량을 갖춘 인재를 어떻게 확보하고 양성해야 하는가를 고민해야 한다. 인적자원관리 분야의 세계적 석학 패트릭 라이트Patrick Wright 교수는 5~10년 후의 경쟁 환경에 미리 대비하여 필요한 인재를 확보하고 양성해야 한다고 주장한다. 그렇게 인적자원관리 부서가 효과적으로 미래를 대비한다면 조직의 경쟁력 향상에 크게 기여하게 될 것이며, 최고 경영자의 전략적 동반자strategic partner가 될 수 있다는 것이 그의 견해다.

1990년대 삼성의 경우, 글로벌 경쟁에서 경쟁 우위를 확보하기 위해 해외 문화와 외국어를 구사하는 인재가 필요함을 인지한 후 이런 인재를 양성하기 위해 지역전문가 제도를 시행했다. 요즘은 많은 기업이 인공지능AI 역량을 갖춘 인재를 필요로 하고 있다. 이미 기업 간의 경쟁이 치열하여 인재를 확보하기도 어렵고 연봉도 매우 높은 수준으로 책정되고 있다. 5~10년 전에 이런 흐름을 미리 읽고 준비한 기업은 타 기업과의 경쟁에서 크게 앞서 나갈 수 있을 것이다. 2016년 구글이 알파고라는 바둑 인공지능 프로그램으로 이세돌 9단을 이겼을 때, 세계는 이미 인공지능의 힘을 보았다. 한국 기업들이 그때부터라도 경쟁 환경을 인지하여 인공지능 인재를 양성하고 준비했더라면 지금보다 더 나은 경쟁력을 갖출 수 있었을 것이다.

인적자원관리 환경의 변화

인적자원관리를 둘러싼 외부 환경의 변화는 앞으로 인적자원관리 활동에 큰 영향을 줄 것으로 예상되기 때문에 이에 대해 이해하고 대비하는 것이 매우 중요하며, 다음의 세 가지 변화를 우선 고려할 필요가 있다.

출산율 저하, 인구 감소, 인구 고령화

한국의 출산율 및 인구 감소는 세계적으로 큰 뉴스가 될 정도로 그 감소 폭이 매우 크다. 여러 가지 경제적·사회문화적 요인들이 복합적으로 작용하고 있어, 문제가 단기간에 쉽게 해결될 것으로 보이지 않는다. 인적자원관리 관점에서 출산율 저하와 인구 감소는 인재 조달의 어려움을 심화시킬 수 있다. 이로 인한 문제는 아직 심각하지 않으나 결국 머지않은 미래에 그 부정적 영향이 조직에 미칠 것이므로 이에 대비하는 것이 필요하다.

단기적으로는 이보다 인구 고령화 문제가 더 시급하다. 유엔의 기준에 따르면, 전체 인구에서 65세 이상이 차지하는 고령자 인구 비율이 7퍼센트 이상이면 고령화 사회, 14퍼센트 이상이면 고령 사회, 20퍼센트 이상이면 초고령 사회로 구분한다. 한국은 고령화 속도가 매우 빨라 2000년에 고령자 인구 비율이 7.2퍼센트에 이르러 고령화 사회로 진입한 데 이어, 2018년에는 14.3퍼센트로 고령 사회로 진입했고, 2026년에는 20.8퍼센트로 초고령 사회로 진입할 것으로 전망된다. 인구 고령화를 겪는 사회는 노동력 부족, 생산성 저하 등으로 경제 성장이 둔화되고, 노인 부양비 상승과 의료 및 복지 비용 증가 등의 경제적 부담을 안게 된다. 조직의 인적자원관리 관점에서 고령 인구의 증가는 급여 총액의 증가를 불러일으킨다. 한국은 1990년대 이후 '성과주의 인사 관리'라는 기치 아래 종래의 연공서열적인 인적자원관리 방식에서 어느 정도 탈피하였으나, 서구 기업과 비교하면 여전히 연공서열적 요소를 많이 가지고 있다. 아직도 인력을 비교적 장기 고용하면서 연차에 따라 급여를 올려 주는 인적자원관리 체계를 많은 기업에서 채택하고 있기 때문에, 고령 인구 증가는 급여 총액의 증가로 이어지는 것이다.

고령 인구 증가가 불러오는 또 다른 문제는 정년 연장이다. 한국은 이미 2016년 법 개정을 통해 60세로 정년이 연장되었으며, 현재는 고령 인구 증가에 따라 정년 연령을 더 높이려는 논의가 진행되고 있다. 만일 정년이 연장된다면 기업의 급여 부담이 더 커지기 때문에 연공서열적인 인적자원관리 방식에 많은 변화가 필요할 수 있다. 또한 기존 인력의 퇴직 시기가 늦춰지면서 신입 사원 채용이 감소하는 상황이 발생하게 된다.

[그림 2] 인적자원관리 환경 변화의 요인

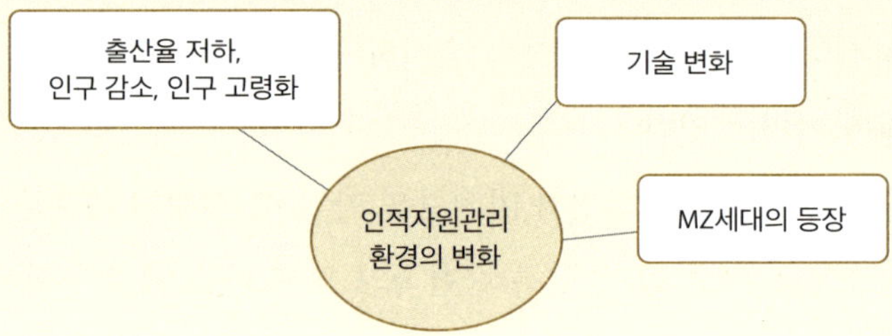

기술 변화

기술 변화가 인적자원관리에 주는 영향은 조직에 필요한 역량이 과거와 달라지면서 나타난다. 예를 들어, 현대자동차의 경우 과거의 내연 기관 자동차 중심의 시대에는 기계공학 전공자를 많이 채용했으나, 전기차 보급과 자율 주행에 대한 수요가 늘어나면서 전기공학, 컴퓨터공학 등의 전공자가 대거 필요하게 되었다. 이에 따라 이미 채용한 기계공학 전공자에게 전기공학, 컴퓨터공학을 교육하여 직무를 전환시키기도 하고, 인재 채용 시 기계공학 전공자가 아닌 전기공학, 컴퓨터공학 전공자 채용 인원을 대거 증가시키고 있다. 인공지능의 등장도 인적자원관리에 적지 않은 변화를 요구하고 있다. 많은 업무가 인공지능으로 대체될 수 있으니 이에 대비한 직무 분석과 인력 계획을 세밀하게 수립해야 한다.

MZ세대의 등장

밀레니얼세대(1980년대 초반부터 1990년대 중후반까지 출생자)와 Z세대(1990년대 후반부터 2000년대 초반까지 출생자)를 통칭하여 'MZ세대'라고 부르는데, 이들은 과거 세대와 달리 개인의 취향과 사생활을 중시하고 수평적 조직문화와 공정성을 중시하며 디지털 환경에 익숙하다는 특징을 가지고 있다.

이전 세대와 다른 특징과 가치관을 가진 이 세대는 대부분의 나라에서 주목을 받고 있지만, 특히 한국의 경우 이들 세대가 위계적·연공서열적 조직문화에 많은 반발을 보이면서 인적자원관리에 큰 도전이 되고 있다. 이에 한국의 기업들은 수평적 조직문화로 나아가기 위해 직급 단계를 줄이거나 폐지하고, 직급 호칭을 없애는 대신 '○○○님'으로 부르게 하는 변화를 시도하고 있다. 또한 이들 MZ세대에 적합한 조직 내 리더십을 개발하는 등 새로운 세대와 더불어 조직을 이끌어 가기 위해 다각도로 노력하고 있다.

2 | 직무 관리

HUMAN RESOURCE

Job Management

직무의 개념

직무job는 한 사람이 수행하는 과업task 전체를 일컫는다. 예를 들어, 제약 회사에서 신약을 개발하는 연구원은 '연구원'이라는 직무에서 일하는 것이며, 이 직무(연구원)를 수행하기 위해 신약 후보 물질을 찾는다든가 약효를 테스트하는 등의 일은 과업에 해당된다.

신약 개발 연구소에는 다양한 종류의 연구원 직무가 있다. 연구원들이 수행하는 일은 유사하지만 각각 다른 분야를 연구한다. 이들 직무를 묶어 하나의 '직군job family'이라고 부르는데, 연구원들의 직무가 묶이면 연구 직군이 된다.

직무 설계

직무 설계job design는 직무의 내용과 범위를 설정하고, 직무 간의 관계를 정하여 조직화하는 것이다. 예를 들어, 농심에서 맛있는 라면을 만들어 팔기 위해서는 새로운 라면을 개발하는 직무, 생산하는 직무, 판매하는 직무, 회계 처리하는 직무, 인적자원을 관리하는 직무 등을 각각 나누어 만들고, 이들 직무 간에 효과적인 업무 분담 및 업무 연결 관계를 설계해 주어야 한다. 이때 효과적인 직무 설계를 위해서는 먼저 직무 분석이 필요하다.

직무 분석

직무 분석job analysis은 직무에 포함되는 과업의 종류를 파악하고, 과업 수행을 위해 요구되는 지식, 기술, 능력, 숙련도 등을 정하는 체계적인 절차다. 직무 분석의 결과물은 효과적인 인적자원관리의 기초가 되므로 매우 중요하다.

직무 분석의 내용

직무 분석을 통해 얻고자 하는 것은 먼저 직무의 내용, 즉 어떤 과업을 수행해야 하는가를 파악하는 것이다. 예를 들어, 대한항공 파일럿의 직무는 여러 과업(비행기 조종, 관제탑 요원과의 협력, 비상 상황 대처, 기내 승무원과의 협력 등)의 수행을 포함하며, 직무 분석을 통해 이들은 과업을 구체적으로 파악하고 직무 수행에 따르는 책임 영역을 이해해야 한다. 그리하여 대한항공 파일럿은 비행기를 능숙하게 조종해 고객에게 안전하고 신속한 이동 서비스를 제공할 책임, 많은 사람의 생명과 안전을 책임지는 사람으로서 자신의 정신적·육체적 상태를 건전하게 유지할 책임, 새로운 비행 기능을 계속 공부하여 기술 발전에 맞추어 자신의 실력을 향상시킬 책임 등을 갖게 된다.

이 외에 직무 분석을 통해 다른 직무와 어떻게 상호 작용하는지, 성과 기준은 무엇인지, 근무 조건은 어떠한지, 직무 수행에 필요한 재무적 지원과 예산 범위는 어떠한지, 직무 수행에 요구되는 지식·기술·능력은 어떤 것이 있는지 등을 파악한다.

직무 분석의 결과물

직무 분석을 통해 얻은 자료는 직무 기술서와 직무 명세서 작성에 사용된다. 직무 기술서job description는 직무 수행에 필요한 과업과 책임, 업무 수행 절차 등을 자세히 기록한 서류다. 예를 들어, 나와 같은 부서의 동료가 어떤 업무를 수행해야 하는지 알고 싶다면 그의 직무 기술서를 참고해야 하는 것이다.

직무 분석에서 얻는 또 다른 문서는 직무 명세서job specification다. 직무 명세서는 직무 수행을 위해 갖추어야 하는 능력 요건을 제시한다. 예를 들어, 대학 교수의 직무 명세서에는 새로운 지식을 창조할 수 있는 연구 능력, 학생을 잘 가르칠 수 있는 지식 수준과 강의 전달 기술 등이 있다. 또한 직무 수행에 필요한 교육 수준, 연구 업적 수준, 경력 요건 등이 포함된다.

직무 특성 모형

직무 특성 모형job characteristics model은 직무의 내용과 성격에 따른 직무의 특성 다섯 가지를 제시하고, 이들 특성이 직무 수행자의 심리 상태와 성과에 어떤 영향을 미치는지 체계적으로 설명하는 중요한 모형이다. [그림 3]에 나타난 바와 같이 직무의 특성은 심리 상태에 영향을 주고, 이는 다시 결과(내재적 동기, 직무 만족, 업무 성과 등)에 영향을 미친다.

다섯 가지 직무 특성 중 첫 번째는 기술 다양성skill variety으로서 직무 수행에 요구되는 기술이 얼마나 다양한지를 뜻한다. 기술 다양성이 높으면 자신이 수행하는 업무가 더 중요하다고 느끼게 되고 긍정적인 결과를 낳게 된다. 두 번째는 과업 정체성task identity으로서 직무 담당자에게 배정된 업무의 범위가 전체 수준의 업무에서 차지하는 비중이다. 예를 들어, 자동차 생산 공장에서 타이어의 나사를 조이는 일만 한다면 자동차 생산이라는 전체 수준의 업무에서 차지하는 비중이 작아 과업 정체성을 높게 느끼기 어렵다. 하지만 이 직원의 업무 범위를 확대하여 타이어 옆의 브레이크 패드를 장착하는 업무와 타이어 전체의 품질을 담당하는 업무가 추가된다면 과업 정체성이 더 증가할 수 있다. 셋째는 과업 중요성task significance으로서 직무가 조직 내외부 다른 사람들의 삶에 영향을 미치는 정도다. 넷째는 자율성autonomy으로서 직무 수행 시 작업 방법이나 절차를 선택할 때 얼마나 재량권을 가졌는가에 관한 것이다. 마지막으로 피드백feedback

[그림 3] 직무 특성 모형

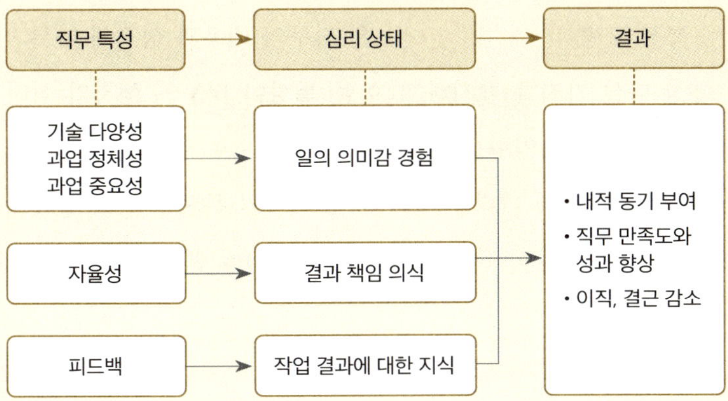

출처: J. R. Hackman & G. R. Oldham, 1976, "Motivation through the design of work: Test of a theory," *Organizational Behavior and Human Performance* 16: 250-279.

은 직무 수행의 결과에 대한 정보를 획득할 수 있는 정도를 말한다. 피드백이 풍부하거나 빨리 이루어지면 자신의 작업 결과에 대해 잘 알게 되어 더 강한 동기가 부여되어 긍정적 효과가 생긴다.

[그림 3]에 나타난 바와 같이 기술 다양성, 과업 정체성, 과업 중요성이 커지면 일의 의미감을 많이 느끼게 되어 더 나은 성과로 이어진다. 자율성은 결과 책임 의식을 높이고, 피드백은 작업 결과에 대한 지식을 늘림으로써 더 나은 결과에 이르게 한다. 이러한 긍정적 관계는 최종적으로 내적 동기를 부여하고, 직무 만족도와 성과를 향상시키며, 이직과 결근을 감소시킨다. 여기서 내적 동기 부여는 업무 자체를 즐기며 성취감과 보람을 느끼고 열심히 하려는 의욕을 말한

다. 대조되는 개념은 외적 동기 부여인데, 일을 잘하면 경제적 보상을 받을 수 있다는 기대 때문에 열심히 일하는 경우를 말한다.

직무 확대와 직무 충실화

미국에서는 19세기 말부터 철강, 철도 산업 등을 중심으로 대량 생산 체제와 근대적 경영 방식이 등장했다. 이때 핵심적 역할을 한 프레더릭 테일러Frederick Taylor는 '과학적 관리'라는 경영 방식을 주창했다. 그는 작업자가 가장 효율적으로 작업할 수 있도록 개인의 업무 범위를 설정해 주고 이를 반복 수행하게 하여 숙련도를 높이는 체계적 관리 기법을 제시했다. 이러한 전통은 이후 미국 경영계에 깊게 뿌리내리게 되어 직무 설계 측면에서 작업자 개개인의 업무 범위를 비교적 좁게 설정하게 되었다.

그러나 이러한 직무 설계로 인해 작업자들은 단순한 업무를 계속 반복하는 상황에 처하게 되었고, 이로 인해 업무에 권태감을 느껴 결근과 이직이 빈번히 일어났다. 직무 특성 모형에서 설명한 주요 직무 특성 중 기술 다양성, 과업 정체성, 자율성 등이 저조하여 발생한 현상이라 할 수 있다. 이에 대한 대책으로 직무 확대job enlargement를 통해 직무를 좀 더 넓게 정의하여 작업자가 다양한 직무를 수행함으로써 단순 반복 업무에서 벗어나게 하고, 기술 다양성과 과업 정체성도 확대하도록 했다. 이러한 시도는 작업자가 업무에 더 흥미를 느끼게 하고 일의 보람을 느끼게 하여 업무 성과와 직무 만족도가 향상되는 결과를 낳았다.

직무 확대가 유사한 난이도의 업무를 다양하게 경험하도록 해주는 것이라면, 직무 충실화job enrichment는 높은 난이도의 업무를 수행하게 하여 작업자가 도전적인 업무를 완수하여 더 높은 수준으로 성장하도록 이끄는 직무 설계 방식이다. 예를 들어, 상급자가 수행하는 업무 계획, 주요 의사 결정 등을 하급자 스스로가 해보게 하는 것이다. 직무 충실화를 실행하면 하급자는 업무 수행 시 더 많은 자율권을 부여받는 대신 결과에 더 큰 책임을 지게 되며, 이를 통해 성장해갈 기회를 갖게 된다.

새로운 업무 수행 방식

근래 들어 업무 시간과 장소와 관련한 새로운 변화가 나타나고 있다. 첫째로 유연 근무제flextime다. 이는 사원이 정해진 근무 시간을 채우기만 하면 출퇴근 시간을 자유롭게 조정할 수 있게 하는 것이다. 과거에는 모두가 획일적으로 오전 8시부터 오후 6시까지 근무했다면 유연 근무제에서는 오전 10시 출근, 오후 8시 퇴근이 가능하다. 이를 통해 업무 성과를 떨어뜨리지 않으면서도 사원들이 시간을 좀 더 자유롭게 사용함으로써 일과 삶의 균형을 맞추어 가도록 도울 수 있다.

다음으로는 직무 공유제job sharing다. 회사의 인력이 업무량보다 많아 유휴 인력이 생긴 경우 인력을 해고하는 대신 하나의 직무를 두 사람이 나누어 일하는 방식이다. 즉, 주 5일 근무일 중 2.5일씩 나누거나 매일 오전, 오후로 나누어 직무를 공유하는 식이다. 이런 방식은 사원의 고용 안정을 중시하는 유럽 국가에서 많이 선호한다.

마지막으로 재택근무telecommuting/work from home다. 말 그대로 회사로 출근하지 않고 집에서 업무를 보는 것이다. 모든 직무에서 가능한 것은 아니지만, 코로나가 유행했던 시기에 전 세계적으로 널리 사용되기도 했다. 화상 통화와 같은 기술이 재택근무를 가능케 한다는 것이 확인되면서 코로나 사태가 진정된 후에도 일부 기업에서는 '일주일에 며칠' 정도로 재택근무를 시행하고 있다. 재택근무의 단점은 사원의 생산성이 떨어질 수 있고, 팀원 간의 원활한 대면 소통이 어려워 이전보다 업무 성과가 저하될 수 있다는 점이다. 장점으로는 일과 가정의 양립에 도움이 되고, 출퇴근의 피로감에서 해방된다는 점, 교통량 감소로 공해와 사회적 비용이 감소된다는 점이 있다. 최근 많은 미국 기업은 재택근무의 단점이 장점보다 크다고 보고 재택근무를 축소하는 경향을 보이고 있다.

3 | 인적자원계획

HUMAN RESOURCE

Human Resource Planning

인적자원계획human resource planning은 전사적인 경영 전략에 따라 필요한 인력 수요와 공급을 예측하여 어떤 직종의 인력이 얼마나 필요한지를 결정하는 것이다. 따라서 인적자원계획이 정확히 이루어져야 회사의 전략을 원활히 수행할 수 있다. 인적자원계획은 [그림 4]와 같이 인적자원 수요 예측과 공급 예측을 기반으로 한다. 이 장에서는 수요 예측과 공급 예측 방법에 대해 설명한다.

[그림 4] 인적자원계획의 모형

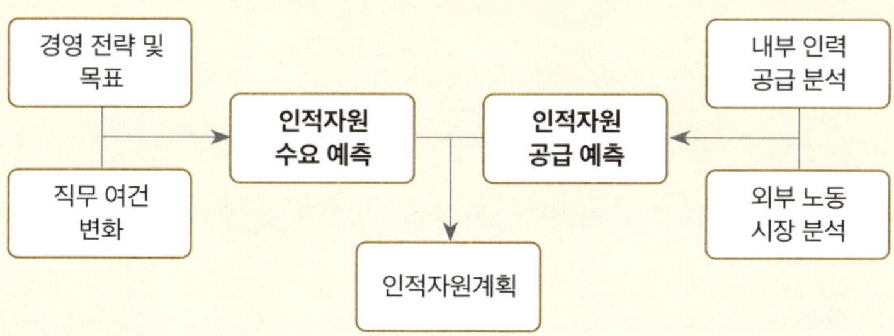

인적자원 수요 예측

인적자원의 수요를 예측하려면 위해 먼저 회사의 경영 전략과 목표를 확인해야 한다. 현대자동차는 전기차, 수소차 기술이 발전하고 시장이 확대됨에 따라 과거보다 기계공학 전공의 엔지니어에 대한 수요를 줄이고 컴퓨터공학, 전기공학 전공의 엔지니어에 대한 수요를 늘리고 있다. 기술의 변화나 산업 패러다임의 변화로 인해 회사에 필요한 인력의 종류와 수요가 변화하므로 인적자원 수요 예측은 회사의 전략과 목표에서 출발한다.

직무 여건의 변화도 인적자원 수요 예측에 중요한 고려 요인이다. 인공지능의 발전으로 컴퓨터 프로그래밍이나 외국어 번역 업무의 많은 부분을 인공지능으로 해결하게 되었고, 이에 따라 여러 직무가 인공지능으로 대체되기 시작했다. 이러한 변화를 인적자원 수요 예측에 반영해야 한다.

인적자원 공급 예측

인적자원의 공급은 조직 내외부 인력의 공급으로 이루어진다. 내부 인력의 공급을 설명하기 위해 부장급 인력의 경우를 예로 들어보자. 차장급 인력 중 일부가 내년에 부장급 인력으로 승진하는 상황을 놓고 보면, 당연히 부장급 인력 공급이 늘어나면서 한편으로 오래 근무한 부장급 인력 중 일부가 퇴사하거나 교육 연수를 가거나 상위 직급으로 승진하게 된다. 이런 변화를 감안하면 내년에는 부장급 인력이 몇 명 공급되는지 예측할 수 있다. 이런 공급 예측과 수요 예측을 비교하여, 만일 공급이 모자라면 외부에서 인력을 선발해야 한다. 만일 수요보다 공급이 많다면, 차장급의 승진을 줄이거나 부장급 중 일부의 퇴사를 계획하는 등 조직 차원의 조정이 필요하게 된다.

4 | 인적자원의 확보

HUMAN RESOURCE

Human Resource Recruitment

필요 인재의 요건

조직은 일반적으로 우수한 인재를 선발하고자 한다. 특히 조직이 어떤 전략을 취하고 어떤 목표를 달성하고자 하는지에 따라 그에 필요한 인재의 종류와 역량 수준이 달라진다. 그러나 모든 인재가 갖추어야 할 일반적인 특성도 중요한데, 이를 인재상人才像이라고 한다. 대부분의 조직은 체계적인 연구를 통해 인재상을 설정한다. 예를 들어, 삼성전자의 인재상은 다음과 같다.

- 열정passion: 끊임없는 열정으로 미래에 도전하는 인재
- 창의·혁신creativity: 창의와 혁신으로 세상을 변화시키는 인재
- 인간미·도덕성integrity: 정직과 바른 행동으로 역할과 책임을 다하는 인재

이러한 인재상은 조직에 맞는 인재를 찾는 데 중요한 기준을 제시한다. 또한 지원자에게 본인이 그 조직에 맞는 사람인지를 생각해 보게 하여 자신과 맞지 않는 조직이라면 지원하지 않게 하는 순기능이 있다.

선발

수많은 지원자 중에서 우수한 인재를 선별해 내는 것은 어려운 작업이다. 먼저 지원자에 대한 정보를 얻기 위해 조직은 입사 지원서를 분석한다. 그리고 인적성 검사, 면접, 인턴 과정을 거쳐 지원자의 성격, 역량, 가치관을 파악한다. 입사 지원서, 인적성 검사, 면접, 인턴 과정 등을 '선발 도구'라고 부른다.

인적성 검사

인적성 검사는 인성 검사와 적성 검사를 아울러 이르는 용어다. 인성 검사personality test는 지원자의 성격, 가치관, 성향 등을 검사하는 선발 도구이며, 조직의 문화, 인재상, 업무 영역에 적합한가를 평가하는 목적으로 시행된다. 이 검사는 기본적으로 본인의 성격에 맞는 선택지를 고르면 되는데, 지원자가 좋은 점수를 받기 위해 전략적으로 응답할 수도 있다. 그러나 인성 검사를 설계하는 전문가는 그런 의도를 인지하고 검사를 설계하기 때문에, 지원자가 진솔한 응답을 하는가를 검증하는 유사 문항을 수많은 문제 중에 섞어 둔다. 따라서 지원자가 앞의 문항에서는 자신이 과정보다 결과를 중시한다고 했다가 나중에 나오는 문항에서 다르게 답한다면 응답의 진실성이 떨어지게 되고, 인성 검사에서 좋은 평가를 받지 못하게 된다. 인성 검사는 짧은 시간에 많은 문항을 응답해야 하기 때문에 솔직한 응답을 일관성 있게 제출하는 것이 중요하다.

인성 검사는 '인성 검사 사이트'에서 미리 실시해 보고 실전을 준비할 수 있다. 동영상 플랫폼(유튜브 등)에서도 많은 자료를 접할 수 있으므로 참고하면 도움이 된다. 예를 들어 '사람인'이라는 취업 관련 사이트는 인성 검사와 적성 검사를 제공한다.

적성 검사aptitude test는 직무나 학업 등을 수행할 수 있는 잠재적 능력에 대한 검사다. 대학수학능력시험(수능)은 학업 능력을 평가하는 적성 검사 중 하나다. 기업의 적성 검사는 직무 적성 검사로서 입사 후 직무를 잘 수행할 수 있는지를 평가한다. 적성 검사는 기본적으로 논리력(언어적·수리적 추론 능력)과 분석력(자료 해석 능력, 상황 판단 능력)을 평가한다. 적성 검사도 인터넷과 동영상 검색을 통해 기출 문제와 그 풀이 및 준비 요령 등을 살펴볼 수 있다.

면접

면접은 지원자의 성격, 역량, 가치관 등에 대해 자세히 물어보고 보충 질문까지 할 수 있어 매우 중요한 선발 도구다. 또한 우수한 인재를 선발하는 데 효과적이라는 점이 입증되어 있기도 하다.

면접은 구조화된 면접과 비구조화된 면접으로 구분된다. 구조화된 면접structured interview은 지원자들에게 같은 질문을 던지는 방식이다. 모든 지원자에게 동일한 질문을 하기 때문에 이에 대한 응답을 채점하여 지원자들 간의 우열을 가리기 쉽다는 장점이 있다. 단점은 지원자의 경험이나 역량에 맞는 맞춤형 질문을 하기 어렵다는 점이다. 비구조화된 면접unstructured interview은 지원자의 특성에 맞는 맞춤형 질문을 하는 면접이다. 지원자의 경험이나 역량에 맞는 질문을 하기 때문에 지원자를 심도 있게 파악할 수 있다는 장점이 있지만, 지원자마다 질문이 다르기 때문에 면접 점수로 지원자들의 우열을 가리기 어렵다는 단점이 있다. 따라서 양자의 장점을 살리기 위해서는 일부 구조화된 면접을 시행하여 지원자들을 비교하고, 일부 비구조화된 면접을 시행하여 각 지원자의 특성을 심도 있게 파악하면 된다.

AI를 활용한 면접

AI 면접은 인공지능 기술을 사용하여 지원자를 평가하는 방식이다. 주로 영상으로 진행하며, 인공지능이 지원자의 답변 내용, 표정과 몸짓, 음성 톤 등을 분석하여 평가한다. 근래에 AI 면접이 널리 활용되고 있는 이유는 많은 지원자를 단시간에 효율적으로 평가할 수 있기 때문이다. 전통적인 면접 방식으로는 지원자가 많을 경우 공정하게 평가하기 어렵기 때문에, 많은 조직이 AI 면접을 통해 보다 효율적으로 지원자를 평가한다. 또한, 인공지능 기술이 발전함에 따라 이전보다 평가 결과를 더 신뢰할 수 있게 되었다. 물론 인공지능이 완벽하게 인재를 선별할 수는 없겠지만, 일단 초기 선별 작업에 효과적이기 때문에 많은 국내외 기업이 AI 면접을 시행하고 있다. 국내에서는 최근 현대자동차, LG 등 대기업에서 사용하기 시작했다.

전통적 면접과 마찬가지로 AI 면접에서는 일반적으로 두 종류의 질문이 주어진다. 첫째는 직무 관련 질문으로, 지원자가 입사 후 수행할 직무와 관련된 지식이나 경험을 평가한다. 예를 들어, "○○ 업무를 완수하는 데 필요한 가장 핵심적인 요소는 무엇인가?"라든지 "이전에 유사한 프로젝트를 수행했다면 어떤 점을 배웠는가?"와 같은 질문이다. 두 번째는 행동이나 상황과 관련된 질문이다. 이는 특정 상황에서 어떻게 대처했는가를 파악하여 인성 및 행동 방식을 평가하고, 입사 후 유사 상황에서 얼마나 효과적으로 대처할 수 있는가를 파악하기 위한 것이다. 예를 들어, "팀 동료와 오해나 갈등이 발생했을 때 어떻게 대처하였는가?"라든지 "프로젝트를 일주일 내에 완수해야 하는데 시간과 자원이 부족한 상황이면 어떻게 대처할 것인가?"와 같은 질문이다. 인터넷에는 AI 면접 서비스를 제공하는 다양한 회사가 있으며, 많은 지원자가 이를 통해 AI 면접을 대비하고 있다.

최근 기술의 발전으로 AI 면접은 더욱 개선되어 지원자의 역량뿐 아니라 입사 후 쉽게 이직할지 여부도 파악하는 등 활용도가 높아져 널리 보급될 가능성이 커 보인다.

선발 도구의 평가

다양한 선발 도구 중 어떤 것을 사용할 것인가, 어떤 선발 도구에 더 가중치를 둘 것인가는 매우 중요한 문제다. 이런 결정을 하려면 다양한 선발 도구의 효과성에 대한 평가가 필요하다. 선발 도구를 평가할 때 중요한 네 가지 기준은 다음과 같다.

첫째, 선발 도구의 타당성validity이다. 여기서 타당성이란 선발 도구가 입사 후 일을 잘 할 사람을 선발하는 데 효과적인 정도다. 타당성에는 여러 종류가 있는데 그중 예측 타당성이 중요하다. 예를 들어 면접의 예측 타당성을 설명하면, 면접 점수에서 높은 점수를 받은 지원자가 합격 후 업무 성과도 우수한 경우 면접 점수의 예측 타당성이 높은 것이다. 즉, 예측 타당성은 어떤 선발 도구의 점수와 입사 후 직무 성과 간의 상관관계를 나타낸다. 여러 선발 도구의 예측 타당성을 평가해 보고, 이 중에서 예측 타당성이 높은 선발 도구에 가중치를 주어 사용한다면 더 효과적으로 우수 인재를 선발할 수 있다.

둘째는 신뢰성reliability이다. 신뢰성은 선발 도구가 일관성 있는 결과를 보여 주는 정도다. 예를 들어, 인적성 검사를 여러 가지 형식으로 만들어 지원자에게 치르게 했을 때 점수의 편차가 크지 않고 유사하다면 그 인적성 검사들은 신뢰성이 있다. 만일 인적성 검사 점수들의 편차가 크다면 어떤 점수가 지원자의 실력을 제대로 평가하는지 판단하기 어려워진다. 따라서 선발 도구가 갖추어야 하는 두 번째 요건은 신뢰성이다.

셋째는 유용성utility이다. 유용성은 선발 도구의 개발 및 시행 비용 대비 효과성이다. 예를 들어, 면접은 우수 인재를 선발하는 데 중요한 도구인데, 면접의 예측 타당성을 높이려면 면접 문항을 더욱 정교하게 많이 만들어 장시간 진행해야 지원자 간의 우열을 더 잘 평가할 수 있을 것이다. 하지만 면접 문항 개발에 비용이 많이 들거나, 면접 시간이 길어져 면접관(주로 회사의 리더)의 기회비용이 커지면 면접에 소요되는 총비용이 커지기 때문에 비용 대비 효과성이 떨어지게 된다. 따라서 대부분의 조직은 이런 점을 고려하여 면접 문항과 면접 시간을 조절한다.

넷째는 적법성compliance이다. 선발 도구가 법적 요건을 충족할 때 적법성이 있다고 말한다. 예를 들어, 서류 심사는 선발 초기에 중요한 심사 단계로 한국에서는 블라인드 채용 원칙에 따라 사원의 인적 정보에 관한 서류를 받을 때 학력, 어학 점수, 해외 활동 등 흔히 '스펙'이라고 부르는 항목을 기재하지 않게 한다. 만일 이런 정보를 요구한다면 적법성에 위배된다. 블라인드 채용은 소위 스펙에 따른 채용을 막고 오직 지원자의 역량, 인성 등만을 평가하여 채용하게 하려는 취지로 도입되었다.

고용 브랜드 관리

고용 브랜드employment brand는 기업이 고용 관계를 통해 구성원에게 제공하는 가치를 생각할 때 내부 구성원과 외부 잠재적 구성원이 떠올리는 총체적 이미지다. 우수한 고용 브랜드를 가진 기업은 우수한 지원자들의 선택을 받게 되어 우수한 인력을 선발할 가능성이 커지기 때문에 이를 관리하는 것이 매우 중요하다. 우수한 고용 브랜드를 갖추기 위해서는 기본적으로 3C가 필요하다. 즉, 보상compensation, 경력 개발career, 조직 문화culture의 세 측면에서 장점을 보유해야 한다.

[표 1]에 나타난 바와 같이, 보상은 현재적·재무적 가치로서 직장을 평가할 때 중요한 요소다. 경력 개발 가능성은 잠재적이고 중장기적인 가치로서, 이것이 높으면 당장 보상 수준이 저조하더라도 실력을 키워 나중에 좋은 직장으로 이직할 수 있다. 마지막으로, 조직 문화는 요즘 젊은 MZ세대가 일과 삶의 균형을 중시하면서 이전보다 중요한 요소로 대두되고 있다.

위의 세 가지 요소를 잘 갖추었더라도 대외적으로 잘 홍보되지 않으면 우수한 지원자들이 지원하지 못할 수 있다. 따라서 고용 브랜드를 관리할 때 장기적 관점에서 회사의 장점을 홍보해야 한다. 홍보 방안으로는 캠퍼스 방문을 통한 홍보, 기업 설명회 개최, 온라인 홍보 활용 등이 있다.

회사의 고용 브랜드가 어떻게 알려져 있고 얼마나 우호적으로 인식되는가를 조사하여, 고용 브랜드의 취약점을 강화하고 효과적으로

[표 1] 고용 브랜드 관리를 위한 3C

요소	제공 가치	제도
보상(compensation)	현재적·재무적 가치	급여, 복리 후생 등
경력 개발(career)	잠재적 가치	경력, 교육 훈련 등
조직 문화(culture)	감성적 가치	상하 관계, 직무 환경, 일과 삶의 균형 등

홍보하는 데 기초 자료로 활용하기도 한다. 이런 조사를 '브랜드 감사brand audit'라고 한다. 두산 그룹은 한국 갤럽과 협력하여 대학생 및 대학 취업 담당자를 대상으로 두산의 고용 브랜드 이미지를 매년 정기적으로 조사하고 있으며, SK텔레콤은 대학생을 대상으로 취업 선호도를 조사하여 그 결과를 고용 브랜드를 제고하는 데 반영하고 있다.

경력 사원의 선발과 관리

과거에는 많은 조직에서 인재 영입을 신입 사원 위주로 선발하였으나, 1990년대 말 외환위기 이후 점차로 경력 사원 채용 규모가 증가하여 지금은 신입 사원보다 경력 사원을 선발하는 기업이 더 많아졌다. 한국노동연구원 조사에 따르면, 근로자 500인 이상 대기업의 경우 신규 채용의 47퍼센트가 신입 사원이었고, 53퍼센트는 경력 사원이었다.

이처럼 대기업 채용 인원에서 경력직의 비율이 커짐에 따라 경력직의 선발 및 활용이 인적자원관리에서 중요한 비중을 차지하게 되었다. 경력 사원의 활용이 증가한 이유는, 조직이 필요로 하는 역량을 가진 사람을 즉시 업무에 투입할 수 있기 때문이다. 이는 경력 사원이 가진 가장 큰 장점이라 할 수 있는데, 경력 사원의 경우 신입 사원과 달리 선발 시 고려해야 할 사항이 많아 이에 대해 설명하고자 한다.

경력 사원과 업무 성과

경력 사원이 들어오면 이전 직장에서 보여 주던 성과를 거의 그대로 보여 주리라 기대하지만 실제로는 그렇지 못한 경우가 많아 기업에서 실망하는 경우가 있다. 실제로 한국 기업 관계자들을 조사해 보면, 경력 사원의 성과가 기대치보다 낮아 실망하는 경우가 빈번한 것으로 알려졌다. 이는 미국에서도 마찬가지인데, 이 분야 대가인 하버드 경영대학원의 보리스 그로이스버그Boris Groysberg 교수의 연구에 의하면, 경력 사원이 새로운 직장으로 옮기고 나서 이전보다 성과가 절반 정도 하락하는 경우가 많다.

그로이스버그는 미국 증권 회사에 근무하는 애널리스트(기업 분석가) 1,000여 명의 데이터를 분석했는데, 직장을 옮긴 사람의 경우 직장을 옮기지 않은 사람보다 성과가 50퍼센트 정도 하락함을 확인했다. 이들은 자신의 산업군에서 1등을 하던 애널리스트들이었는데, 새 직장으로 옮긴 사람 중 1년 후 다시 1등을 하는 비율이 절반 정도밖에 되지 않았던 것이다.

직장을 옮긴 사람들의 성과가 하락하는 이유는 성과를 내는 데 다음 세 가지 자본에 의존하기 때문이다.

- 인적자본human capital: 지식, 기술, 능력 등
- 사회적 자본social capital: 사내 및 사외의 인적 네트워크 등
- 조직 자본organizational capital: 조직의 기술, 노하우, 경영 시스템, 문화 등

직장을 옮기면 이 중에서 인적자본과 일부 사회적 자본을 잃지 않고 가져갈 수 있으나 나머지 자본은 새 직장으로 가져가기 어렵다. 이러한 이유로 외부에서 채용된 경력 사원들이 새 직장에서 이전보다 낮은 성과를 내게 되는 것이다. 이를 '성과 이전의 역설portability paradox'이라고 한다. 이러한 역설은 증권 회사 직원에게만 나타나지 않고 여러 산업에서 흔히 나타난다.

경력 사원의 또 다른 문제는 이직률이 높다는 점이다. 원래 직장을 떠나 새로운 직장으로 이직한 사람은 이직을 하지 않은 사람보다 이직 성향이 높은 사람들이다. 그래서 이들은 새 직장에서 기대한 만큼 성과를 내지 못하면 또다시 다른 직장을 알아보고 이직할 가능성이 높다. 이들을 채용한 회사의 입장에서는 큰 문제다. 회사는 경력 사원이 처음에는 성과가 좀 낮더라도 회사 일을 배워 가면서 적응하여 성과가 향상되기를 바라는데, 이들은 이직 성향이 높기 때문에 회사에 적응하는 듯하다가 이직하기 때문이다.

삼성 그룹의 이건희 회장은 "한 명의 천재가 10만 명을 먹여 살린다"라고 말하며 우수 인재 영입의 필요성을 강조한 뒤 국내외를 가

리지 않고 고액 연봉의 글로벌 인재를 대거 영입했다. 이들 중 상당수는 삼성 그룹에서만 성장한 인재들과 확연히 다른 경험과 역량을 보유했기에 삼성 그룹에 많은 기여를 한 것이 사실이다. 하지만 이들의 평균 이직률은 기존의 삼성 사원과 비교할 수 없을 정도로 높아, 입사 후 5년이 지나 삼성에 남아 있는 비율이 매우 낮았다. 삼성에서는 이들이 한국의 생소한 생활 환경(전세 제도, 자녀 교육 문제 등)에 어려움을 겪지 않도록 전담 인력을 배치해 글로벌 인재들이 한국에 안착하는 과정을 적극 지원했다. 그럼에도 이들의 이직률은 매우 높았다. 이는 삼성 그룹이 글로벌 인재 관리에 실패한 것이 아니라 경력 사원의 일반적인 특성이 자연스럽게 나타난 결과다. 글로벌 노동 시장에서는 원래 직장 간 이동이 빈번하게 일어난다. 경력 사원의 높은 이직 성향과 글로벌 노동 시장의 특성이 결합되어 이직률이 더욱 높게 나타난 것이다.

경력 사원의 성과 관리

경력 사원을 많이 채용한 기업의 입장에서는 그들의 성과가 이전보다 많이 하락할 수 있으므로 이에 대한 관리가 필요하다. 이를 위해 앞에서 설명한 세 가지 자본의 문제를 해결하는 것이 필요하다.

- **인적자본**: 경력 사원이 직장을 옮겼을 때, 새 직장에서 필요한 지식, 역량을 신속히 배우도록 교육한다. 체계적인 교육 프로그램이나 멘토(상사나 동료)를 선정하여 교육할 수 있다.
- **사회적 자본**: 경력 사원이 새 직장의 상황을 속히 이해하도록 돕고 업무에서도 주위의 도움을 쉽게 받을 수 있도록 버디Buddy(친구)를 붙여 준다. 버디는 경력 사원 입사 후 몇 달간은 매주 1회 이상 함께 점심이나 저녁 식사를 하면서 경력 사원의 안착을 돕고 업무적으로도 필요한 지원을 한다. 멘토는 주로 지식이나 기술 등을 가르치는 역할을 하지만, 버디는 특별한 지식이나 기술의 전수보다는 경력 사원이 새 직장에 쉽게 적응할 수 있도록 조직 생활의 여러 방면을 안내하고 필요한 인적 네트워크를 소개하며 정서적으로 지지하는 역할을 한다.
- **조직 자본**: 경력 사원이 필요로 하는 기술, 노하우, 경영 시스템 등을 구축하여 이들의 업무 수행에 차질이 없게 한다.

경력 사원의 이직률을 낮추기 위해 장기 근속을 유도하는 인사 정책도 필요하다. 경력 사원의 경력 개발 설계에 관심을 기울여 그들이 조직에서 장기적인 비전을 가지고 근무하며 경력을 개발해 가도록 한다면 이직 성향을 다소 완화시킬 수 있다. 그들에게 근속에 비례한 보상을 지급하는 것도 방안이 될 수 있다.

5 | 인적자원의 개발

HUMA
N RES
OURCE

Human Resource Development

인적자원을 개발development하는 것은 크게 교육 훈련과 경력 개발로 나뉜다. 교육 훈련은 직무 수행에 필요한 기술skills, 지식knowledge, 능력abilities을 교육하는 것이고, 경력 개발은 사원들의 성장 경로를 설계하여 그들이 원하는 경력 목표에 도달할 수 있도록 하는 것이다.

교육 훈련

교육 훈련의 필요성은 기본적으로 다음과 같이 판단할 수 있다.

교육 훈련의 필요성 = 직무 요건 - 사원의 현재 역량

교육 훈련은 사원의 역량을 원활한 직무 수행이 가능한 수준으로 향상시키는 것이다. 예를 들어, 인공지능을 업무에 활용해야 하는 경우 이에 대한 교육을 통해 사원의 역량을 향상시켜 생산성을 더욱 높일 수 있도록 한다. 혹은 사원을 국내외 대학원에 보내 더 높은 수준의 지식과 기술을 배우게 하기도 한다.

교육 훈련과 인적자본이론

교육 훈련에 대한 체계적 이해를 돕는 이론이 바로 인적자본이론 human capital theory 이다. 인적자본이론에서는 교육 훈련을 시행할 때에 비용-편익 분석 cost-benefit analysis 이 필요하다고 지적한다. 교육 훈련의 편익(개선된 생산성 등의 효과)이 교육 훈련 비용보다 커야 하는 것이다. 비용은 직접 비용과 기회비용으로 나뉘는데, 예를 들어 외부 대학 등에 교육을 보낸다면 학비는 직접 비용에 해당하고, 사내 연수원에서 교육한다면 연수원 시설 건축비나 임대료, 강사 급여, 연수원 운영비 등도 직접 비용에 해당한다. 기회비용은 사원이 교육받는 동안 업무를 수행하지 못하여 발생하는 회사의 손실을 말한다.

직무 내 훈련과 멘토링

직무 내 훈련 on-the-job training, OJT 은 직무에 배치되어 현업에서 주위의 선배, 동료에게 조언을 듣거나 교육을 받는 것을 말한다. OJT는 업무를 수행하면서 이루어지기 때문에 실제 업무와 관련된 도움을 받을 수 있어 직무 성과 향상에 매우 효과적이다. 다만 해당 사원이 어느 정도 업무를 수행할 능력이나 자세가 갖추어져 있는 경우여야 효과가 있으며, 업무의 기초적인 부분도 잘 모르는 경우라면 업무 현장에서 벗어나 전문적인 연수나 교육을 먼저 받는 것이 좋다.

이런 경우 직무 외 훈련off-the-job training을 한다. 대표적인 직무 외 훈련은 신입 사원 연수 프로그램이다. 대기업의 경우 보통 4주 정도 그룹 연수원에서 기초 교육이 이루어지며 이후 회사 배치를 받고 나서도 몇 주간 직무 교육이 이루어진다. 직무 외 훈련은 업무 현장을 벗어나 전문적이고 집중적인 교육이 필요한 경우에 효과적이다. 신입 사원의 경우, 모든 직무 외 훈련을 마치면 현업에 배치되어 직무 내 훈련을 받으며 업무를 익히는 것이 통상적이다.

직무 내 훈련의 일환으로 빈번히 시행되는 것 중 코칭과 멘토링이 있다. 코칭coaching은 일반적으로 선배 사원이나 상사가 주로 직무와 관련된 지식, 기술 등을 전수하는 방법이다. 부하는 코치로부터 업무 관련 지식, 수행 방법, 경험 등을 전수받아 직무 수행 능력을 향상시킨다. 코칭 대상은 점점 범위가 확대되어 고위 관리자, 임원 계층에도 코칭의 기회가 부여되고 있는데, 이 경우 외부 전문가나 전문 코치가 코칭을 행하기도 한다.

멘토링mentoring은 주로 지위가 높은 상사와 부하 간에 이루어진다. 멘토는 경험이나 역량이 부족한 사람에게 조언과 교육을 제공하는 사람이라는 뜻으로서, 직장 내 멘토링은 상사와 부하 간의 중장기적 관계 사이에 주로 부하의 경력 개발이나 업무 역량 향상을 위해 진행한다. 효과적인 멘토링이 이루어지려면 멘토가 업무적 역량뿐 아니라 대인 관계 역량도 갖추고 있어야 한다. 이런 점에서 부족함이 있다면 멘토에게 보완 교육을 받도록 하여 효과적인 멘토링을 할 수 있도록 돕는 것이 필요하다.

인사이드 아웃사이더의 양성

앞서 살펴본 바와 같이 경력 사원 중 상당수는 새로운 직장에서 기대한 만큼의 성과를 보여 주지 못한다. 그럼에도 많은 조직은 다수의 경력 사원을 채용하는데, 주된 이유 중 하나는 이들이 사내에 없는 기술이나 역량을 보유하고 있기 때문이다. 조직이 이런 기술과 역량의 필요성을 예측하고 인재를 미리 양성해 두었다면 문제가 없겠지만, 실제로 이런 선제적인 예측을 정확히 하는 것이 쉽지 않기 때문에 결국 미래에 필요한 인재를 충분히 양성하지 못하는 조직이 많다. 따라서 그런 역량을 가진 경력 사원을 채용했음에도 이들이 기대한 성과를 내주지 못해 인재를 미리 준비한 기업과의 경쟁에서 뒤처지게 된다.

이런 문제를 막기 위해 인적자원 개발에서 중요한 개념은 '인사이드 아웃사이더inside-outsider'를 양성하는 것이다. 인사이더는 조직의 내부 인재를 말하고, 아웃사이더는 외부에서 온 경력 사원을 의미한다. 인사이더는 조직에 장기간 근속한 사람이므로 내부 업무에 숙련되어 있고 충성도가 비교적 높아 이직률이 낮다는 장점이 있다. 그에 반해 조직 외부의 사정이나 새로운 기술 등에 전문적인 역량을 갖기 어렵다는 단점 때문에 아웃사이더를 경력 사원으로 채용하게 된다. 하지만 이들이 조직에 새로이 와서 적응하는 것이 쉽지 않다 보니 성과 하락의 문제가 나타나고 이직률이 높으므로, 조직 발전에 필요한 미래 기술이나 역량을 아웃사이더에게만 의존하는 것은 효과적인 정책이 되기 어렵다.

이런 문제의 해결 방안은 인사이드 아웃사이더를 양성하는 것이다. 인사이드 아웃사이더 양성이란 조직 내부 인재(인사이더) 중 일부를 조직의 미래에 필요한 기술이나 역량을 갖춘 인재로 길러 내는 것이다. 이들은 인사이더이지만 마치 아웃사이더처럼 조직 외부의 기술이나 역량을 갖추었기 때문에 인사이드 아웃사이더라고 한다. 이들은 인사이더의 장점(조직 내부 사정을 잘 알고 이직률이 낮음)과 아웃사이더의 장점(조직 외부의 기술과 역량을 갖춤)을 모두 가지고 있어 조직에 기여할 가능성이 외부에서 채용된 경력 사원보다 훨씬 높다.

삼성 그룹의 지역전문가 제도는 대표적인 인사이드 아웃사이더 양성 제도였다. 해외 시장에서 성장하기 위해 내부 사원을 매년 수백 명씩 지역전문가로 양성하여 이들을 통해 삼성의 글로벌 성장을 효과적으로 견인하도록 한 것이다. 이들은 삼성의 일반적인 직원이 가지지 못한 경험, 즉 1년간 해외에 체류하며 해외 문화와 시장을 경험하고 돌아와 삼성에서 장기 근속하며 삼성의 성장을 도왔다. 이들의 활약으로 삼성은 글로벌 시장에서 비약적으로 성장할 수 있었다. 지역전문가 제도가 처음 실시된 1990년만 하더라도 삼성전자의 해외 매출 비율은 높지 않았으나, 이후 해외 매출이 비약적으로 증가하여 2023년 기준 총매출액 258.9조 원 중 238.4조 원으로 82.1퍼센트가 되었다. 이런 변화를 가져온 주된 요인 중 하나는 지역전문가들이었다. 《하버드 비즈니스 리뷰Harvard Business Review》는 삼성이 글로벌 기업으로 성장하는 데 지역전문가들이 큰 공헌을 했음을 언급하며 서구 기업에 없는 창의적인 인재 육성 제도라고 평했다. 현재 한국의 많은 기업이 삼성의 지역전문가 제도를 벤치마킹하여 유사한 제도를 시행하고 있다.

부메랑 사원 양성

부메랑 사원boomerang employee은 회사를 떠나 다른 회사로 이직했던 사원 중 회사에 필요하여 다시 채용한 인원을 말한다. 이들은 이미 회사 생활을 해보았기 때문에 업무 수행에, 또는 타 사원과의 관계 형성에 유리하다는 점에서 일반적인 경력 사원보다 장점이 있다.

우수한 부메랑 사원을 채용하기 위해서 회사는 평소에 이직자들과 네트워크를 구축하고 이들과 주기적으로 교류하며 관리해야 한다. 일본의 미즈호 금융 그룹은 퇴사자들을 '사외社外 인재'로 여기고 동문alumni이라 부르며 이들과 관계를 유지한다. SNS 모임, 온·오프라인 교류회를 통해 관계를 이어 가며 회사에 도움이 될 사람이라고 판단되면 다시 채용한다.

경력 개발

경력career은 조직 내에서 맡게 되는 직무, 직급 등과 그 경험을 의미한다. 경력 개발career development은 조직 내에서 구성원이 하고자 하는 직무 혹은 희망하는 미래의 지위에 도달할 수 있도록 구성원과 조직이 함께 참여하는 일체의 활동을 말한다. 효과적인 경력 개발 계획이 수립되면 구성원은 자신이 하고자 하는 직무나 도달하고 싶은 지위를 향해 가기 위해 자신의 역량을 개선하고자 하는 동기 부여를 느낄 수 있다. 조직의 관점에서는 구성원들의 경력 목표를 이해하고 이를 조직의 필요와 연계시켜 목표를 달성할 수 있도록 계획할 수 있다는 장점이 있다.

현재보다 높은 수준의 직급을 지향하는 경력 개발은 수직적 경력 개발이라 할 수 있다. 이를 위해서는 높은 직급이 요구하는 지식과 기술을 갖추고 조직을 이끌어 갈 수 있는 리더십 역량을 갖추어야 한다. 예를 들어, 최고 경영자가 되기 위해서는 여러 사업 부서를 맡아 본 경험이 필요하다든지, 글로벌 사업 현장에서 경영 경험을 쌓아야 한다든지 하는 조건이 필요하기도 하다.

일부 인력은 더 높은 직급을 추구하기보다 동일한 수준의 직급에서 다른 직무를 수행하기를 원하는 경우도 있다. 이런 경우 수평적 경력 개발이 필요하며, 새 직무에서 요구되는 지식과 기술 및 경험을 쌓을 계획을 세우고 실행해야 한다.

이중 경력 경로

일반적인 조직의 경력 경로에서는 높은 직급으로 승진할수록 책임지는 부서와 인력의 수가 증가하고 이에 따른 관리 책임이 증가한다. 하지만 일부 인력은 승진으로 인한 관리 책임 증가보다 자신의 전문 분야 업무를 계속 수행하면서 더 높은 수준의 전문가가 되기를 원한다. 특히 연구 개발 분야의 인력에서 이런 경향이 종종 발견된다. 전자는 관리자 경로라고 하고 후자는 전문가 경로라고 한다. 이처럼 두 개의 경력 경로가 있어 '이중 경력 경로dual career'라고 부른다.

전문가 경로는 조직의 입장에서도 매우 중요한데, 우수한 전문가나 연구자가 계속하여 연구 개발 업무에 매진하면서 세계적인 성과를 내는 것이 조직에 필요하기 때문이다. 예전에는 전문가들이 더 좋은 대우를 받으려면 결국 관리자 경로를 밟아야 했고, 이에 따라 자신이 해오던 전문 분야의 연구를 벗어나 조직과 사업을 관리하는 역할을 맡았다. 그러나 이들이 자기 분야의 전문가로 계속 활동하더라도 높은 지위와 보수를 받게 되는 전문가 경로가 있다면, 전문가로서 더욱 성장해 나갈 수 있게 된다. LG화학과 삼성전자는 연구 개발 직군의 기술 전문가를 임원급으로 대우하는 전문가 경로를 만들어 전문가들의 성장을 돕고 회사의 기술 경쟁력도 높여 가고 있다.

경영자 승계 계획

어느 조직이든지 우수한 최고 경영자CEO를 선임하는 일은 매우 중요하다. 따라서 미리 경영자 후보자들을 파악하여 이들이 우수한 경영자로 성장하도록 체계적으로 관리하는 것이 필요한데, 이를 경영자 승계 계획succession planning이라고 한다.

체계적인 경영자 승계 계획이 없는 상태에서 최고 경영자가 갑자기 사퇴하는 경우가 종종 발생한다. 이때 기업의 연속성이 흔들리고 기업 가치가 하락하게 될 수도 있는데, 이러한 상황을 막고 기업을 지속적으로 성장시키기 위해 미리 경영자 승계 계획을 수립하고 시행하는 것이 중요하다.

특히 최고 경영자 승계에는 최소 6년 이상의 기간이 필요한데, 그 이유는 최고 경영자의 자질을 검증하고, 필요한 역량을 배양하기 위해서는 최소 두 가지 이상의 고위 경영직에서 각각 3년 이상 경험을 쌓는 것이 필요하기 때문이다.

경영자 승계 계획의 첫 단계는 어떤 직무를 대상으로 계획을 수립할 것인가다. 대체로 최고 경영자 직무와 최고위 임원 직무가 대상이 되며 조직의 필요에 따라 중간 관리자 계층을 포함시키기도 한다. 다음 단계는 어떤 이들을 경영자 후보자로 선정하여 양성할 것인가다. 일반적으로는 하위 직급에서 우수한 평가를 받은 인재들이 경영자 후보자로 선정된다. 일단 후보자가 선정되면 다음 단계로 이들을 체계적으로 양성한다. 이를 위해 1) 적절한 교육 훈련 프로그램을 제공하고, 2) 경력 설계를 통해 이들이 중요한 직무를 경험하게 하여 고위 경영진 직무를 수행할 수 있도록 역량을 개발한다.

경영자 승계 계획에서는 후보자에게 지속적 동기 부여도 중요하다. 업무에 동기를 부여하기 위해 성과 기반의 보상(이익 분배 혹은 주식 기반의 보상) 제도를 시행하는 것이 바람직하며, 이직 성향을 낮추기 위해 '황금 수갑golden handcuff'이라고 불리는 근속 기반의 보상을 사용할 수도 있다. 황금 수갑은 우수 인재의 이탈을 막기 위해 주로 주식을 보상으로 지급하되 회사가 정한 근속 기간을 채워야 주식 소유권이 생기도록 하는 보상 제도다. 물론 주식이 아닌 현금으로 보상할 수 있으나, 주식으로 지급할 경우 현금보다 회사와 임직원 간의 이해 관계를 더 강하게 일치시킬 수 있다.

6 | 인적자원의 성과 관리

HUMAN RESOURCE

Performance Management

성과 관리의 의의와 체계

성과 관리performance management는 사원의 활동과 성과를 조직의 전략 및 목표와 합치하도록 관리하는 과정이다. 따라서 성과 관리가 효과적으로 이루어지려면 먼저 조직의 전략과 목표가 제대로 설정되어야 하며, 이를 하부 조직과 개인에게 적절히 배분하여 이들이 목표를 달성하면 조직 전체의 목표가 달성되는 체계를 만들어야 한다. 이런 과정은 다음 단계를 통해 이루어진다.

성과의 정의

대부분의 조직은 연말에 차년도의 전략과 목표를 수립하고 이를 달성하기 위한 조직 개편과 인사 발령을 시행한다. 이후 연초에 조직 전체의 목표를 정하고 이를 하부 단위 조직(각 사업부, 지원 조직, 연구개발 조직, 생산 조직 등)으로 배분한다. 각 하부 조직은 또 산하 하부 부문이나 팀으로 목표를 세분화하여 배분하고, 최종적으로는 개개인에게 배분한다. 이렇게 상부 조직의 목표가 하부 조직으로 또 개개인으로 하달되는 것은 캐스케이딩cascading이라 하는데, 이는 폭포cascade가 흘러내리듯 목표가 위에서 아래로 내려오는 것을 말한다.

성과의 측정

목표가 상위 조직에서 개개인에게 세분화되어 배분된 후에는 이를 달성하기까지 연중에 업무를 수행하게 되며, 적절한 주기로(예를 들어, 분기 혹은 반기마다) 업무 수행 과정이나 성과에 대해 평가하고 코칭한다. 이를 통해 더 효과적으로 업무를 수행할 수 있도록 교정·지도·코칭하게 되는데, 보통 이를 기록으로 남겨 연말의 최종 평가 시 기초 자료로 삼는다.

성과의 피드백

성과 평가가 종료되면 그 결과를 알려 주는 피드백을 시행한다. 피드백은 평가 종료 후 몇 주 내로 시행하는 것이 효과적이다. 너무 늦어지면 성과 평가에 대한 피평가자의 관심도가 떨어지거나 평가의 중요성이 낮게 인식될 수 있기 때문이다. 피드백의 내용은 평가 결과뿐 아니라 그 이유, 개선 방안, 업무 코칭 등 피평가자가 더 높은 성과를 낼 수 있도록 건설적 방향으로 구성하는 것이 바람직하다.

성과 관리의 목적

성과 관리는 다음의 세 가지 목적을 가진다. 첫째, 전략적 목적strategic purpose이다. 이는 성과 관리 시스템을 통해 사원의 태도, 행동, 성과가 조직의 전략과 긴밀히 연계되도록 하는 것을 말한다. 개인의 성과 목표와 측정 지표를 설정하는 과정에서 조직은 구성원 개개인에게 조직의 전략 방향과 목표를 알려 주며 구성원들이 이에 대해 주의를 집중하도록 유도한다.

둘째, 관리적 목적administrative purpose이다. 이는 성과 관리 시스템을 통해 도출된 최종 평가 결과를 경영 관리상의 여러 의사 결정(급여 및 보너스 조정, 승진이나 해고 등의 결정)에 연계하는 것이다. 이러한 결정은 구성원에게 매우 중요한 사안이므로 조직은 공정하고 효과적인 성과 관리 시스템을 만들어 구성원이 납득할 수 있는 평가 결과를 도출해야 한다. 대체로 한국 기업의 구성원은 평가 결과에 납득하지 못하거나 불만족을 갖는 비율이 매우 높다. 이렇게 되면 평가 결과를 관리적 의사 결정에 사용하는 것에도 구성원이 불만을 가질 가능성이 높다. 따라서 관리적 목적이 제대로 달성되려면 공정하고 정확한 성과 평가가 필수적이다.

셋째, 개발적 목적developmental purpose이다. 성과 평가를 통해 조직은 구성원의 강약점에 대해 체계적인 정보를 수집하게 된다. 이 정보는 구성원의 개발을 위한 귀중한 정보이며, 이를 기반으로 구성원을 코칭하고 필요한 교육 훈련 프로그램을 제안할 수도 있다. 또한, 업무 조정이나 부서 재배치를 통해 구성원의 개발을 도모할 수도 있다. 이러한 개발적 목적은 성과를 평가하는 중요한 목적 중 하나인데, 실제 조직에서는 개발적 목적보다 관리적 목적을 중시하기 때문에 성과 평가의 유용성이 제한되고 있다. 그 이유 중 하나는 한국 기업들이 '성과주의' 인사 관리를 중시하면서 평가 결과에 따라 차등 급여하기 위해(관리적 목적의 달성을 위해), 구성원 간 평가 등급에 차이를 두기 때문이다. 구성원 간에 성과 차이가 상당하여 평가 등급에서도 차이가 생긴다면 문제가 적겠지만, 실제로는 그렇지 않은 경우도 많은 것이 문제다. 인위적으로 평가 결과에 차등을 내는 경우가 발생하다 보니 한국 기업에서는 구성원이 마땅히 받아야 할 평가 등급을 받지 못하는 경우가 생긴다. 그래서 이러한 평가 결과를 가지고 구성원을 코칭하다 보면, 개발적 목적을 달성하기가 더욱 어려워지는 것이다. 이 문제에 대해서는 다음에 설명하기로 한다.

효과적인 성과 평가의 조건

성과 평가는 성과 관리 시스템의 중요한 부분이다. 성과 평가가 제대로 이루어지려면 다음의 조건을 갖추어야 한다.

전략적 적합성

전략적 적합성strategic congruence은 성과 평가 지표가 조직의 전략과 목표에 부합하는 지표로 구성되어야 함을 말한다. 예를 들어, 정해진 계획대로 제품을 차질 없이 생산하는 것이 중요한 회사라면 창의성보다는 주어진 지침대로 업무를 수행하게 하고 부주의한 실수를 막는 것이 중요하다. 따라서 성과 평가 지표에 업무 지침 수행, 차질 없는 업무 완수, 실수 줄이기 등이 포함된다. 반면에, 창의적 제품과 서비스를 개발하는 회사는 임직원이 창의성을 발휘할 수 있도록 새로운 시도를 장려하고 어느 정도의 실패를 용인하고 실패를 통한 학습과 성장을 중시할 수 있어야 한다. 따라서 성과 평가 지표도 이런 점을 반영해야 한다.

타당성

성과 평가 지표가 사원이 수행해야 하는 업무를 효과적으로 측정할 때 그 성과 평가 지표는 타당성validity이 있다고 할 수 있다. 예를 들어, 제약 회사에서 신약을 개발하는 연구원의 성과를 평가한다면, 신약 개발과 관련된 새로운 학술 지식과 기술을 잘 습득하고 있는지, 신약 후보 물질을 얼마나 많이 찾아내는지, 팀의 신약 개발 노력에 얼마나 기여하는지 등이 성과 지표에 포함되어야 한다. 만일 이 연구원의 평가 지표에 이미 개발되어 판매되는 약품의 안전성 검사를 포함한다면, 이 성과 지표를 신약 개발 담당자의 평가에 적용하기에는 타당성이 떨어진다고 할 수 있다.

신뢰성

신뢰성reliability은 성과 평가 결과의 일관성에 관한 문제다. 한 명의 피평가자를 두고 여러 명이 평가했을 때 그 점수들이 큰 편차 없이 일정 범위 안에 속하면 일관성이 있는 것이며, 이럴 때 성과 평가 결과에 신뢰성이 있다고 말한다. 반대로 피평가자에 대해 평가자마다 상이한 점수를 부여한다면, 어느 점수가 맞는지 판단하기 어렵기 때문에 성과 평가 과정을 재검토해야 한다.

수용성

수용성acceptability은 성과 평가 결과에 구성원이 얼마나 수긍하는지에 대한 정도다. 대체로 한국 기업에서는 성과 평가 결과에 구성원의 만족도가 낮으며 수용성도 낮은 편이다. 수용성이 높아지려면 평가가 공정하다는 인식을 주어야 하는데, 이를 위해서는 다음 세 가지 공정성fairness을 높일 필요가 있다.

첫째는 절차의 공정성procedural fairness이다. 즉, 구성원이 보기에 성과 평가 절차가 공정하게 설계되고 시행되어야 한다. 따라서 성과 평가 방식이나 평가 지표를 수립할 때 구성원의 의견을 적극 청취하고 제도에 반영하여 구성원이 성과 평가 제도를 공정하다고 인식하게끔 해야 한다.

둘째는 평가자-피평가자 간 공정성interpersonal fairness이다. 즉, 평가자와 피평가자 간의 상호 작용이 공정하게 이루어져야 한다. 이를 위해, 평가자는 평가가 종료된 후 몇 주 안에 피평가자에게 평가 결과와 그 이유를 상세히 설명하고 향후 더 나은 평가를 받을 수 있는 방안에 대해 피드백해야 한다.

셋째는 결과의 공정성outcome fairness이다. 즉, 피평가자가 자신이 받은 평가 결과가 공정하다고 인식해야 한다. 대체로 사람들은 좋은 평가를 받으면 결과의 공정성이 높다고 생각하고, 나쁜 평가를 받으면 결과의 공정성이 낮다고 생각한다. 조직은 모든 사람에게 좋은 평가를 주기 어려우므로 결과의 공정성을 높이기 위해서는 사전에 피평가자에게 평가 기준과 방식을 잘 설명하고 공정한 평가를 시행하여, 피평가자가 나쁜 결과를 받더라도 그 결과를 납득할 수 있도록 해야 한다.

성과 평가의 오류

성과 평가는 장기간(보통 1년)에 걸쳐 피평가자의 다양한 측면(성실성 등 성격, 지식, 기술, 업무 수행, 가치관 등)을 평가하기 때문에 정확한 평가를 하는 것이 쉽지 않다. 따라서 다음과 같은 다양한 평가 오류가 발생하므로 이를 이해하고 대처해야 한다.

현혹 효과

현혹 효과는 평가자가 피평가자의 전반적 모습을 감안하여 평가하기보다 피평가자의 몇 가지 특징을 중심으로 평가를 내리는 것을 말한다. 현혹 효과에는 두 종류가 있다. 첫째는 후광 효과halo effect로서 피평가자의 몇 가지 긍정적인 면에 큰 비중을 두어 다른 면이 부족하더라도 전반적으로 후한 평가를 내리는 경우다. 예를 들어, 성실한 부하가 이룬 업무 성과가 저조하더라도 부하의 성실성에 현혹되어 전반적으로 좋은 평가를 내릴 수 있다. 둘째는 결함 효과horn effect로서 피평가자의 몇 가지 부정적인 면에 큰 비중을 두어 다른 면이 우수하더라도 전반적으로 박한 평가를 내리는 경우다.

대비 효과

대비 효과는 어떤 피평가자에 대한 평가가 다른 피평가자의 평가에 영향을 미치는 것을 말한다. 예를 들어, 어떤 상사가 매우 우수한 부하를 평가하고 나서 보통 수준의 부하를 평가하게 되면 우수했던 부하와 대비되어 그 부하에게 기준 이하의 평가를 주기 쉽다.

유사 효과

유사 효과는 평가자가 성별, 가치관, 종교, 출신 학교나 지역 등이 자신과 비슷한 피평가자에게 후한 평가를 내리는 것을 말한다. 사람은 자신과 유사한 배경, 특성을 가진 사람에게 긍정적 감정을 가지게 되는데, 이는 성과와 무관하게 더 나은 평가로 이어지기도 한다.

분포의 오류

분포의 오류는 평가자가 다수의 사람을 평가할 때 그들의 실제 성과 분포와 다르게 평가하는 것을 말한다. 보통 다음 세 가지 오류가 흔히 나타난다. 첫째는 관대화 오류leniency error다. 이는 피평가자의 실제 성과 분포보다 더 후한 점수를 부여하는 경우다. 관대화 오류는 보통 평가자가 자신의 필요에 의해 범하게 된다. 자신의 팀원에게 후한 점수를 주면 그들이 더 나은 보상을 받게 되고, 그 결과 팀원의 사기가 올라가면서 업무에 더 열심히 임하게 되기 때문이다. 일반적으로 리더들은 관대한 평가를 주는 경향이 있기 때문에 조직은 이에 대응하여 평가 점수의 분포를 일정한 형태로 강제 배분한다.

둘째는 가혹화 오류severity error다. 이는 관대화 오류의 반대 경우로서 평가자가 피평가자의 실제 성과 분포보다 더 박한 점수를 부여하는 경우다. 평가자의 평가 기준이 높은 경우 나타날 수 있지만, 부하들의 불만을 살 수 있기 때문에 흔히 나타나는 현상은 아니다.

셋째는 중심화 오류central tendency error다. 이는 평가자가 피평가자에게 중간값 정도의 점수를 부여하는 오류다. 평가자가 평가에 익숙하지 않거나 평가에 관심이 적어 대충 평가하려고 할 때 나타난다.

평가자 훈련과 평가 피드백

성과 평가의 오류는 빈번히 발생하기 때문에 평가자가 공정한 평가를 하도록 평가자를 교육하는 것이 중요하다. 평가자 훈련은 다음과 같은 것들이 있다.

평가자 훈련

첫째, 평가자 오류 교육rater error training이다. 이는 평가자가 범하는 오류들을 알려 주고 대응 방안을 가르쳐 주는 교육으로, 평가자가 범하는 평가 오류를 줄이도록 돕는다. 둘째, 준거의 틀frame-of-reference 훈련이다. 평가자에게 모범적인 평가의 실제 사례를 교육하여 이들에게 평가에 참고할 만한 기준을 제시하는 것이다. 이 과정을 통해 바람직한 평가가 무엇인가에 대하여 사내 평가자들 사이에 공통된 인식을 형성할 수 있다.

평가 피드백

평가 피드백은 평가자의 평가 결과를 평가하는 것이다. 평가자가 자신이 내린 평가에 대해 그 타당성, 공정성을 점검받고 평가 속에 숨어 있는 문제점이나 오류에 대해 교육받으면 이후 더 정확하고 공정한 평가를 내리는 데 큰 도움을 받을 수 있다.

평가 면담

앞서 성과 관리 체계에서 설명한 바와 같이 성과 관리가 제대로 이루어지려면 성과 평가만큼이나 성과의 피드백이 중요하다. 성과의 피드백은 다양한 형태로 가능하나 가장 바람직하고 효과적인 피드백은 대면 면담이다. 성과 평가에 대한 피드백이 부실하면 피평가자의 평가 이해도와 신뢰도가 낮아질 수밖에 없다. 따라서 평가자는 평가 면담이 성과 관리의 중요한 일부임을 인식하고 잘 준비하여 피평가자가 더욱 발전할 수 있도록 면담을 진행해야 한다. 이를 위해 다음의 사항이 중요하다.

평가 면담은 평가가 종료된 후 빠른 시일 내에 진행하는 것이 좋다. 너무 늦어지면 피평가자의 평가 과정에 대한 신뢰도와 만족도가 떨어지므로 평가 종료 후 한 달 이내에 진행하는 것이 바람직하다.

평가 면담에서는 먼저 평가 결과(점수나 등급)를 알려 주고 그런 결과가 도출된 과정과 이유에 대해 설명해 주어야 한다. 이때 주관적 느낌이 아닌, 객관적 근거를 가지고 설명하는 것이 효과적이므로 평소에 평가를 위한 자료를 준비해 두어야 한다.

또한 면담 시에 피평가자가 어떻게 하면 이후에 더 나은 평가를 받을 수 있는지를 구체적으로 피드백해야 한다. 면담은 단순히 평가 결과를 알리는 수준을 넘어 '개발적' 면담이 되어야 한다. 면담 과정에서 잘못한 일에 대해 비판하는 피드백을 지양하고 어떻게 하면 더 나은 성과를 낼 수 있을지 건설적 방향으로 피드백하는 것이 필요하다. 같은 사안에 대해 부정적 표현보다 긍정적 표현으로 접근하는 것이 피평가자를 동기 부여하는 데 더 효과적이다.

면담 시 향후의 경력 개발 계획에 대해 논의하고 이를 위한 코칭을 제공한다면 피평가자는 더 큰 동기를 부여받을 수 있다. 경력 개발을 위해 필요한 교육 프로그램이나 직무를 제시하는 등 목표를 향해 나아갈 수 있도록 지원하는 것이 필요하다.

성과 평가와 성과 분포

앞서 평가의 오류에서 살펴본 바와 같이 다수의 평가자는 부하 직원과 자신을 위해 관대한 평가를 내리는 경향이 있기 때문에 조직은 이에 강제 배분법forced distribution으로 대응하고 있다. 즉, 모든 평가자가 피평가자에게 3~5개로 나뉜 평가 등급을 주게 하고 각 등급에 몇 명을 두어야 하는지 정하는 방식이다. 예를 들어, 최고 등급에는 피평가자의 10퍼센트만을 허용하고 그다음 등급에는 25퍼센트를 허용하는 식이다. 물론 평가자가 담당한 조직이 좋은 성과를 거두면 높은 등급에 더 많은 인원을 배정할 수 있도록 하는 경우도 있지만 강제 배분법이 적용된다는 점은 동일하다.

강제 배분법은 상대 평가 제도라고도 불리는데, 대체로 정규 분포의 가정에 따라 구성원의 평가 등급을 배분한다. 즉, [그림 5]에 나타난 바와 같이 종bell형 분포를 가정한다. 정규 분포의 가정에 따르면 사원을 4~5개 등급으로 나눌 수 있다. 평균은 가운데 위치하고 좌측 끝에 있는 적은 수의 사원은 평균적인 성과에 이르지 못한 저성과자가 된다. 따라서 이들 최하위 저성과자는 조직에서 내보내는 것이 좋다는 인식이 커질 수밖에 없다. 이런 경향이 생긴 데에는 제너럴 일렉트릭General Electric Company, GE의 영향이 매우 컸다.

GE 스타일의 강제 배분 방식

GE는 전설적 경영자 잭 웰치Jack Welch가 회장으로서 조직을 이끌던 시기(1981~2001년)에는 정규 분포 가정에 따라 각 조직의 하위 10퍼센트에 해당하는 저성과자를 매년 해고하는 원칙을 가지고 있었고, 이런 정책이 조직에 긴장감과 활력을 불어넣는다고 믿으며 이를 '활

[그림 5] 성과 분포의 2가지 형태

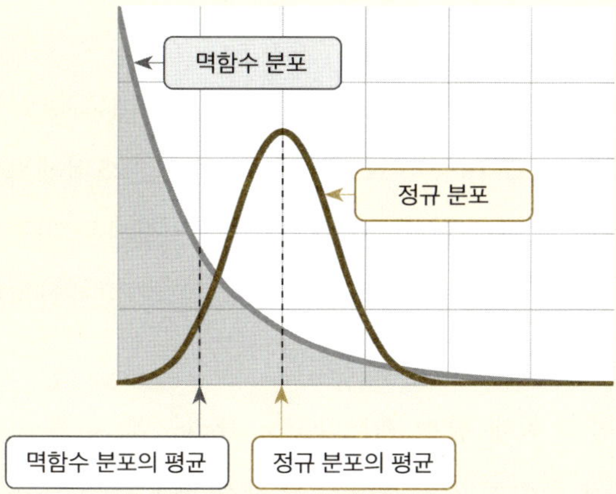

력 곡선vitality curve'이라고 불렀다. 당시 GE는 세계 최고의 회사였기 때문에 전 세계 많은 기업이 GE 스타일의 강제 배분 방식을 벤치마킹했다. 한국도 1997~1998년 외환 위기를 겪으며 연공서열형 장기 고용 체제를 뜯어고치려는 움직임이 일어났다. 이 과정에서 성과 중심의 미국식 인사 제도를 대거 도입했는데, 당시 한국의 대표 기업들은 특히 GE의 경영 제도를 많이 받아들였다. 이때 GE 스타일의 상대 평가 제도가 도입되어 오랜 기간 한국 기업 내 평가 제도의 근간을 이루었다.

GE의 인사 제도는 성과 중심적이고 우수 인재 양성에 초점이 맞추어져 있기 때문에 1990년대 말까지 균등주의, 연공서열주의에 익숙했던 한국 기업의 인사 제도를 개선하는 데 큰 도움을 준 것이 사실이다. 그러나 GE의 성과 평가 제도만큼은 한계점이 많았음에도 불구하도 GE의 다른 제도와 함께 거의 그대로 한국 기업에 수용되었다.

이러한 강제 배분법의 문제점은 사원들의 실제 성과가 정규 분포와 다르다는 점에 있다. 아직도 학계의 의견이 통일된 것은 아니지만, 최근 연구들은 조직 내 구성원들의 성과 분포가 정규 분포의 형태가 아니라 멱함수 분포power law distribution라는 점을 보여 준다(Joo, Aguinis and Bradley, 2017). 정규 분포와 달리 멱함수 분포에서는 많은 구성원이 좌측에 몰려 있으며(즉, 성과와 능력이 보통인 구성원이 대다수), 일부 소수의 탁월한 구성원이 우측에 분포한다. 따라서 평균값은 중앙이 아닌 좌측에 있으며 대다수 구성원은 평균값 근처에 몰려 있다. 결론적으로 최하위 성과자도 평균값에서 멀지 않으며 반드시 조직에서 내보내야 하는 수준은 아닌 것이다.

이처럼 조직 구성원의 성과 분포를 어떻게 가정할 것인가에 따라 저성과자에 대한 평가가 달라진다. 또, 멱함수 분포에 따르면 하위 70~80퍼센트의 사원들은 서로 크게 구별되지 않아 평가 등급을 굳이 나눌 필요가 없어진다. 미국 기업들은 대체로 멱함수 분포에 따라 사원의 등급을 많이 나누고 있으며, 강제 배분법을 사용하는 방식을 지양하고 있다. 특히 강제 배분법을 유행시킨 GE는 잭 웰치 회장이 물러난 이후 2015년 절대 평가 체제로 변경했다. 또, 1년에 한 번 시행하던 평가 제도로는 수시로 변화하는 경영 환경 변화에 대처하기 어렵다는 점에서 연중의 경영 상황 변화에 맞추어 목표, 업무 추진 방식 등을 수시로 변경하는 체제로 바꾸었다. 마이크로소프트, 어도비 등 많은 기업도 과거의 평가 방식을 바꾸어 연중 평가 체제, 상대 평가 폐지 등을 시행하고 있으며, 미국 기업의 86퍼센트 이상이 절대 평가 방식의 제도를 시행하고 있다.

한국 기업의 성과 평가 제도의 개선점

세계적 경영컨설팅사 맥킨지는 한국 기업들의 성과 평가 제도에 대한 연구를 통해, 이 제도가 사원들의 성과를 제대로 평가하는 데 심각한 결함을 가지고 있으며, 상대 평가 방식도 타당성이 떨어진다고 지적한다. 또한 한 회사 내에서 판매팀과 연구팀 등 직무 분야에 따라 각각 다른 성과 관리 접근법을 적용할 수 있는데도 대체로 한국 기업들은 획일적 평가 제도를 고수하는 경향이 크다는 점을 지적한다. 이러한 학계와 업계의 다양한 분석과 지적에 따라 한국 기업들도 성과 평가 제도를 개선해 가고 있으며, 특히 최근에는 강제 배분법에 기반한 상대 평가 제도를 완화하거나 절대 평가 제도를 도입하려 하고 있다. 실제 SK텔레콤, 현대자동차, LG전자, 네이버 등에서 이런 변화가 일어나고 있다.

멱함수 분포가 정규 분포와 다른 점 또 한 가지는 우측 꼬리가 길다는 점이다. 이는 탁월한 인재들이 정규 분포 가정보다 많이 나타나고 그들의 성과도 정규 분포 가정보다 훨씬 크다는 뜻이다. 이런 인재는 조직 성과를 크게 향상시킬 수 있으니 이들을 찾아내 적절히 직무를 배치하고, 차별적 보상과 경력 개발을 통해 동기를 부여하는 것이 중요하다. 과거에 삼성 이건희 회장의 "한 명의 천재가 10만 명을 먹여 살린다"라는 말은 바로 이런 인재를 두고 한 말이다. 이에 글로벌 기업들은 '핵심 인재 관리'라는 제도를 통해 이들을 관리하고 있다.

7 인적자원의 보상 관리

HUMAN RESOURCE

Compensation
Management

보상 관리의 의의와 체계

보상 관리compensation management는 조직 구성원에게 업무 성과에 기반한 보상을 제공함으로써 동기를 부여하는 중요한 영역이다. 조직의 관점에서는 보상 기준이 조직의 전략과 연계되도록 함으로써 보상 관리는 조직의 목표 달성에 중요한 역할을 한다. 보상 총비용이 가능하면 너무 많아지지 않도록 주의해야 하는 측면도 있다.

보상은 크게 총급여total compensation와 관계적 보상relational rewards으로 나뉘는데, 총급여는 현금성 급여(기본급, 단기 성과급, 장기 성과급)와 복리 후생(국민연금, 건강보험, 고용보험, 산재보험 등)으로 구성된다. 관계적 보상은 직업의 안정성, 사회적 인정, 성장 기회 등으로 즉각적인 현금 보상은 아니지만 가치 있는 요소이므로 보상의 한 축을 이루게 된다(그림 6). 따라서 관계적 보상을 많이 줄 수 있는 조직은 급여가 조금 적더라도 총보상이 매력적인 수준을 유지할 수 있으므로 인재 유인

[그림 6] 보상의 구성

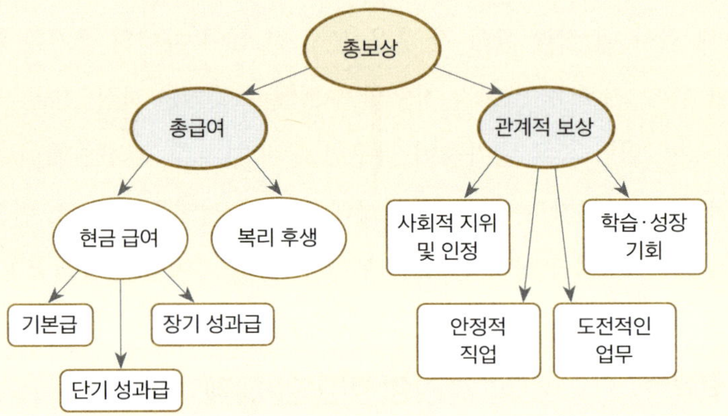

에 큰 어려움을 겪지 않을 수 있다.

보상 관리의 두 요소

효과적인 보상 관리를 위해서는 내적 공정성internal equity과 외적 경쟁력external competitiveness을 갖추어야 한다.

내적 공정성

조직 내에는 직급 상하 간 혹은 부서 간 급여 차이가 존재하는데, 내적 공정성이란 이러한 급여 차이가 합리적으로 설계되어 있는가 하는 문제다. 직급 상하 간 혹은 부서 간 급여 차이에 합리적 근거를 갖추어 구성원들이 불만이 없을 때, 이를 조직 내 보상 체계에 내적 공정성이 있다고 말한다. 보상의 내적 공정성을 확보하려면 직무 평가를 통해 회사 내 직급 상하 간 혹은 부서 간 급여 차이의 근거를 확보해야 한다. 직무 평가는 각 직무의 수행에 수반되는 지식, 기술, 역량, 중요성, 위험 등을 평가하여 직무별 상대 가치를 정하는 것이다. 합리적인 직무 평가로써 직무 간 상대적 가치 서열을 매기고, 이를 기초로 회사 내 직급 상하 간 혹은 부서 간 급여 차이를 정하게 된다.

외적 경쟁력

회사의 보상 수준이 다른 회사와 비교하여 뒤처지지 않는 수준이 될 때 외적 경쟁력이 있다고 말한다. 보상의 외적 경쟁력을 갖추어야 우수 인재를 유치할 수 있고, 입사한 인재들이 떠나지 않고 지속적으로 근무하게 하는 동기가 마련된다. 외적 경쟁력 확보가 중요한 이유는 회사 임직원이 자신의 보상 수준을 타 회사와 비교하는 경우가 많기 때문이다. 따라서 회사는 임직원이 비교 대상으로 삼는 외부 기업의 보상 수준을 정확히 파악하여 경쟁력 있는 보상 수준을 설정하기 위해 일반적으로 임금 및 급여 조사wage & salary surveys를 시행한다. 임금 및 급여 조사에서는 핵심 직무를 설정하여 조사 비교할 외부 조직을 선택한 다음 실제 자료를 수집하는 과정을 거친다.

핵심 직무의 설정 → 조사를 위한 비교 조직 선정 → 자료 수집

핵심 직무의 설정

임금 및 급여 조사를 할 때, 모든 직무에 대해서 자료를 확보하기보다는 핵심 직무에 대한 자료를 구한다. 핵심 직무는 다음과 같은 특징을 갖는다.

- 직무의 내용이 상대적으로 안정적이다.
- 직무가 해당 조직과 비교 대상 조직 모두에서 발견된다.
- 직무가 중요하게 여겨진다.
- 직무가 대부분의 조직에서 유사한 방법으로 수행된다.

조사를 위한 비교 조직 선정

비교 대상 조직을 선정하는 것은 매우 중요한데, 일반적으로 회사는 동일 노동 시장을 가진 경쟁 회사의 보상 수준에 관심을 갖는다. 임금 및 급여 조사에 포함되는 조직은 대체적으로 동일한 혹은 유사한 산업에 속하는 경쟁 기업인 경우가 많다. 그러나 산업군이 다르더라도 보상 수준에서 벤치마킹하려는 회사를 포함시키기도 한다.

자료 수집

임금 및 급여 조사를 회사에서 직접 계획해 진행하는 경우도 있지만, 많은 경우에는 다른 기관(정부, 컨설팅 회사 등)에서 수행한 조사 결과를 이용한다. 실제로 미국에서는 다양한 기관에서 거의 모든 직무와 직군 및 산업을 조사하기 때문에, 회사가 설정한 핵심 직무에 대한 외부 자료를 손쉽게 구할 수 있다.

이렇게 임금 및 급여 조사를 통해 얻은 자료는 여러 기업의 보상에 관한 자료를 포함하게 되며, 이를 토대로 기업은 평균보다 높은 보상 수준을 추구할지 평균이나 그 이하 수준의 보상 수준을 추구할지 결정한다.

보상 관리와 사원 행동

효과적인 보상 관리를 통해 조직은 구성원이 업무 성과를 높일 수 있는 업무 동기를 부여받고, 동시에 구성원이 보상 수준에 전반적으로 만족하기를 바란다. 이와 관련하여 고려해야 할 중요한 사항은 다음과 같다.

어떻게 하면 사원들에게 동기 부여를 할 수 있을까?

보상 관리를 통해 사원들에게 동기 부여를 하려면 어떤 이유로 사람들이 업무에 열의를 느끼는지 이해해야 한다. 사람들은 보상을 받는다고 해서 저절로 업무에 열의를 느끼지 않기에 다음과 같은 과정과 전제 조건이 필요하다.

먼저 자신이 노력하면 업무 성과가 향상될 수 있다는 기대가 충족되어야 한다. 노력해도 성과가 나오지 않을 것이 예상되는 업무도 있다. 그러면 사람들은 동기 부여를 느끼기 어렵다. 다음으로 성과가 향상되면 이에 상응하는 보상을 받을 수 있다는 기대가 충족되어야 한다. 이 두 가지 기대가 충족되면 사람들은 열심히 노력하여 성과를 향상시키고 더 나은 보상을 얻으려 한다. 그러나 두 가지 기대 중 한 가지만 결여되어도 사람들은 노력을 경주하기 어려워진다. 이를 기대 이론expectancy theory이라고 한다.

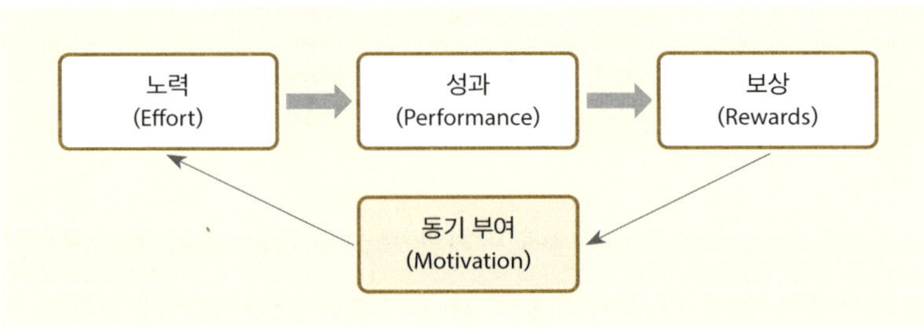

조직의 성과급 체계는 성과와 보상의 관계를 강화시켜 주는 중요한 제도다. 노력과 성과의 관계를 강화시키려면 구성원의 적절한 업무 배치와 교육 훈련이 필요하다.

왜 사원들은 서로의 급여를 비교하는가?

사람은 보상을 받으면 주위 동료들이 받은 보상과 비교하며 보상이 공정한지를 가늠한다. 이때 자신의 투입물(노력, 성과 등) 대비 산출물(보상 등)을 동료의 투입물 대비 산출물과 비교한다. 이때 두 개의 비율이 같기를 원하는 현상을 형평성 이론Equity theory이라 한다. 이 이론에 따르면, 자신의 비율이 동료보다 적을 경우 불만을 보이고 자신의 비율이 동료보다 크면 이를 불편하게 여긴다. 그리고 자신의 투입물

이 처음 생각했던 것보다 더 컸다고 생각하며 두 개의 비율이 같아지기를 원한다.

[그림 7] 형평성 비교

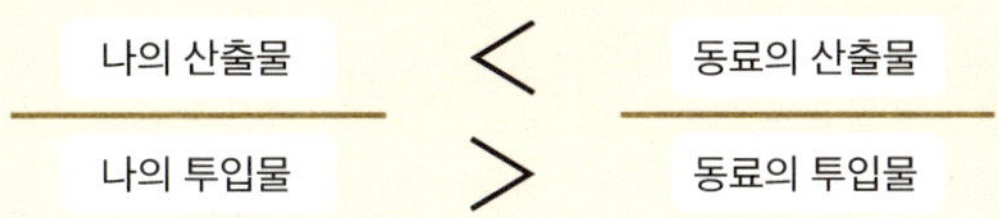

사원들에게 성과(산출물)에 비례한 보상을 하는 것이 동기 부여에 효과적인데, 앞서 성과 관리에서 설명한 바와 같이 성과의 정확한 측정이 어렵다는 점이 큰 문제다. 영업직의 경우 개인별 성과 측정이 용이하지만, 일반 사무직의 경우는 개개인의 성과를 정확히 측정하는 것이 어려워 인사 고과의 정확성에 이의 제기가 많은 편이다. 이런 상태에서 고과 등급에 따라 보상을 차별하면 사원 간 형평성이 문제되기 때문에 성과에 따른 보상을 지급하여 동기를 부여하고자 하는 경우에는 먼저 성과 측정의 정확성을 확보해야 한다.

성과 기반 보상 제도

성과에 보상을 연계하는 방식은 개인의 성과에 보상을 연계하는 개인 성과급과 집단(팀이나 회사 등)의 성과에 보상을 연계하는 집단 성과급이 있다.

개인 성과급 중에는 대표적으로 연봉제merit pay가 있다. 한국 기업들은 1990년대 말 외환 위기를 거치면서 과거의 연공서열형 인사 시스템을 미국식 성과주의 인사 시스템으로 변화시키고자 노력했다. 이 과정에서 연공 기반의 연공급 제도를 폐기하고 그 대신 성과 기반의 연봉제를 대거 도입했다. 연봉제에서는 매년의 성과를 평가하여 성과에 비례하게 연봉을 조정한다. 문제는 성과 평가의 정확성이다. 현재 다수 기업에서 사원들이 성과 평가 과정의 공정성에 만족하지 못하기 때문에 연봉제의 효과를 높이려면 성과 평가가 더 정확하고 공정하게 이루어지도록 노력해야 한다.

집단 성과급은 팀, 부문, 전사 성과에 따라 보상을 조정하는 제도인데, 이 가운데 대표적인 이익 분배 제도와 성과 배분 제도에 대해 설명한다.

이익 분배 제도

이익 분배 제도profit sharing는 전사 성과(주로 이익 관련 지표)에 따라 성과급을 조정하는 제도다. 전사 성과에 보상이 연계되므로 구성원에게 주인의식을 심어 주어 '대리인 문제'를 해결할 수 있다는 장점이 있다. 대리인 문제agency problem는 사원이란 회사의 대리인이기 때문에 주인과 달리 회사의 성과를 높이는 데 관심이 적거나 업무에 노력을 제대로 기울이지 않는 문제를 말한다. 이를 해결하는 방법은 주인과 사원(대리인)의 이해관계를 일치시키는 것이다. 대표적으로 이익 분배 제도가 이에 도움이 된다. 이익 분배 제도의 또 다른 장점은 회사가 이익을 거둔 후에 일부분을 사원에게 성과급으로 나누어 주기 때문에 재정적으로 크게 부담되지 않는다는 점이다. 즉, 고정적으로 지급되는 기본급과 달리 이익 분배금은 조직 성과에 연동된 변동급이므로 이익이 없는 해에는 지급되지 않아 조직에 재정적 부담이 크지 않다.

이익 분배 제도의 단점은 조직 전체 성과 달성에 구성원이 과연 열의를 보일까 하는 점이다. 개인의 성과에 보상을 연동한다면 구성원은 동기 부여를 받지만, 조직 전체 성과라고 하면 개인에게 큰 영향을 미치지 못한다. 즉 개인의 노력과 조직의 성과 간 간극이 커서 그 관계가 미약하다고 느끼기 때문에 이익 분배 제도가 구성원에게 주는 동기 부여 효과는 낮을 수 있다. 또한, 조직 전체 성과를 달성하기 위해 전 구성원이 일하고 있으므로 '나 하나쯤이야' 하는 마음으로 업무에 매진하지 않을 수 있다. 이를 '무임승차자free-rider 효과'라고 한다. 마지막으로 이익 분배 제도를 통해 성과급을 여러 해 지급하다 보면 조직 성과가 저조하여 구성원이 성과급을 받지 못하는 해에는 실망감을 가질 수 있다. 이를 '기득권entitlement 효과'라고 한다.

이처럼 이익 분배 제도는 상당한 장점과 단점을 가지고 있다. 이익 분배 제도에 대한 학술 연구를 보면, 이익 분배 제도가 구성원의 생산성 향상에는 어느 정도 긍정적 효과가 있지만 성과급 지급을 통해 노동비가 증가하므로 궁극적으로 회사의 이익에 미치는 영향이 거의 없다는 결과도 있고, 그럼에도 불구하고 생산성 효과로 인해 회사의 이익도 증가한다는 결론 등이 혼재되어 있다.

한국에 이익 분배 제도가 본격적으로 도입된 것은 2000년대 초반으로, 삼성 그룹이 글로벌 스탠더드에 맞는 성과주의 인사 시스템으로 전환하면서 미국 휴렛 패커드HP 등 실리콘 밸리 기업을 벤치마킹하여 이익 분배 제도를 도입한 데서 시작되었다. 삼성 그룹은 회사 성과 지표로 경제적 부가 가치economic value added, EVA를 선정했는데, 이는 회사 이익에서 자기 자본 비용을 차감한 값이었다. 회사는 자기 자본을 투자하여 사업을 영위하거나 다른 곳에 자본을 투자할 수 있으므로, 사업을 통해 기회비용(자기 자본 비용) 이상의 수익을 거둔 경우, 다시 말해 경제적 부가 가치가 0 이상이 된 경우에 이익을 분배한다는 것이 삼성의 원칙이다. 이러한 논리로 삼성은 경제적 부가 가치를 조직의 성과 척도로 정했고, 경제적 부가 가치의 20퍼센트를 사원들에게 성과급으로 주기로 했다. 그리고 인당 분배액은 계약 연봉의 50퍼센트를 상한으로 설정했다.

삼성전자는 반도체, 휴대폰, 가전, 디스플레이 등 다양한 사업 부문으로 구성되어 있다. 그중 반도체와 무선 사업 부문이 대체로 우수한 성과를 창출하여 이익 분배금 액수가 컸고(연봉의 50퍼센트 수준에 근접), 디스플레이 사업은 좋은 성과를 내지 못할 때가 잦아 이익 분배금 액수가 반도체를 비롯한 다른 부문보다 현저히 낮은 경우(미지급하거나 연봉의 10퍼센트 수준 이하)가 많았다. 이로 인해 사원 간 성과급 격차가 4,000~5,000만 원 수준에 달하자, 사업 부문 간 형평성 문제가 대두되고 사원들의 불만이 제기됐다. 사원들의 불만은 사업 부문 간 성과 차이가 사원의 노력 여하보다 사업 부문 간 경쟁력 차이에서 발생한다는 것이다. 물론 사업 부문 간 경쟁력 차이에 사원들의 책임이 일정 부분 있지만, 이로 인해 4,000~5,000만 원씩 성과급을 적게 받는다는 것은 사원들에게 과도한 책임을 묻고 있다는 뜻이며 현행 이익 분배 제도에 수정이 필요하다는 의미다.

이러한 가운데 2020년 삼성전자에서 여러 사업부 사원에게 거액의 성과급을 지급하면서 성과가 저조했던 디스플레이 부문 사원들에게 분배되는 이익이 거의 없자, 디스플레이 사원들의 불만이 폭발하면서 무노조 원칙을 견지하던 삼성 그룹에 삼성 디스플레이 노조가 설립되었다. 삼성 디스플레이 사원들의 불만은, 다른 사업 부문에 저가로 부품을 공급하느라 디스플레이 사업에 이익이 나지 않았던 것인데 그 덕분에 이익을 더 낸 다른 사업 부문은 성과급 잔치를 하고 정작 디스플레이 부문 사원들은 성과급을 거의 받을 수 없게 되었다는 데 있었다. 이 의견의 사실관계는 따져 봐야겠지만, 어쨌든 사업 부문 간에 거래가 있는 경우 사업 부문 간 형평성 문제가 구성원들의 불만족을 더욱 예민하게 자극할 수 있다는 점을 염두에 두어야 한다.

삼성의 이익 분배 제도의 또 한 가지 쟁점은 경제적 부가 가치를 회사 성과 지표로 사용한다는 점이다. 경제적 부가 가치는 앞서 설명한 바와 같은 장점이 있으나 문제는 자기 자본 비용을 몇 퍼센트로 정하는 것이 적절한가 하는 점이다. 보통 회사들은 10퍼센트 이상의 자기 자본 비용을 사용하는데, 이 숫자의 근거에 대해 명쾌하게 설명하기 쉽지 않기 때문에 구성원들이 쉽게 납득하지 못하는 경우가 많고, 이에 따라 좀 더 직관적이고 이해하기 쉬운 성과 지표를 사용하는 것이 필요하다는 의견도 상당하다. 예를 들어, 다수의 미국 기업은 이익 분배 기준으로 경제적 부가 가치를 사용하는 경우가 드물고, 그 대신 누구나 쉽게 이해할 수 있는 순이익, 영업 이익, EBITDA(이자, 세금, 감가상각비 차감 전 영업 이익) 등을 사용한다.

삼성의 이익 분배 제도는 내부 사업 부문 간 성과급 지급 액수 차이(형평성 문제), 경제적 부가 가치라는 성과 지표의 객관성 등의 문제로 사원들의 불만이 있었으나, 한편으로 사원들에게 거액의 성과급을 지급하여 동기를 부여했다는 장점도 상당하다. 이 때문에 다른 회사에서는 삼성의 성과급과 비교하여 성과급이 적다는 불만이 자기주장이 강한 MZ세대 사원들 사이에서 거세게 나오면서 회사의 인사 정책 전반에 영향을 주는 큰 이슈가 되기도 한다. 2021년 SK하이닉스가 우수한 경영 성과에도 동종 업계에 있는 삼성전자 반도체 부문보다 적은 성과급을 책정하자, MZ세대 사원들이 성과급 산정 기준을 투명하게 공개해 달라며 회사에 공개적으로 불만을 제기했다. 이에 보인 회사의 초기 대응이 오히려 젊은 사원들의 더 큰 반발을 불러오면서, 결국 SK하이닉스는 성과급 산정 시 사용하던 경제적 부가 가치를 사용하지 않기로 하고, 사원들이 더 선호하는 영업 이익을 사용하여 성과급 산정 방식을 투명하게 적용하는 식으로 제도를 대폭 수정했다.

2021년도 SK하이닉스의 성과급 논란은 젊은 세대 사원들이 기성 세대 사원들과 달리 공정성, 투명성을 중시하며 불만을 강하게 제기하는 모습을 보였다는 점에서 크게 주목을 받았다. 이를 계기로 SK 그룹의 경우 이익 분배의 기준을 계열사 사업 특성에 따라 자율적으로 선정하게 되었다. 계열사별 성과 지표를 보면 영업 이익(SK하이닉스, SK텔레콤, SK브로드밴드 등), 세전 이익(SK이노베이션, SK케미칼), EBITDA(SKC 등) 등 다양한 이익 지표를 성과급 산정 기준으로 사용하는 것으로 변화했음을 알 수 있다.

성과 분배 제도

성과 분배 제도gain sharing는 주로 회사의 생산 부서(공장) 단위로 이루어지며 공장에서 생산성을 향상시켜 그 과실을 종업원과 나누는 제도다. 이익 분배 제도가 회사 이익에 기반하는 반면, 성과 분배 제도는 사원들이 좀 더 실질적으로 체감할 수 있는 생산성을 목표로 하기에 동기 부여가 더 잘된다는 장점이 있다. 또한 전사 수준보다 한 단계 작은 부문인 본부 단위에서 시행되기 때문에 사원의 관점에서 업무 성과를 좀 더 체감하고 동기 부여를 더 받는다는 장점이 있다. 이 제도는 특히 생산 현장에서 많이 사용하는데, 공장에서 종업원 참여를 적극 권장하여 회사와 협력적 관계를 구축하기 위해 사용한다는 점에서 이익 분배 제도와 차이가 있다.

가장 대표적인 성과 분배 제도는 스캔런 플랜scanlon plan인데, 사원들의 참여를 적극 독려하는 종업원 참여형 제도다. 이 제도에서는 효율적인 작업을 통한 노동비 절감액을 계산하여 회사와 사원이 그 만큼의 금액을 나누어 갖는다. 이를 위해 과거의 데이터를 사용하여 생산액에서 노동비가 차지하는 비중을 계산하는데 이를 '역사적 평균'(예를 들어 30퍼센트)이라고 한다. 이후 생산 활동이 전개되면서 매달 생산액과 노동비를 계산하여 생산액 대비 노동비가 역사적 평균(예를 들어 30퍼센트)보다 적으면 노동비를 적게 들이면서 효율적으로 생산한 것이므로 성과급을 지급한다. 이때, 역사적 평균보다 절감된 노동비를 재원으로 하여 성과급을 지급한다. 보통 재원의 25퍼센트는 회사에 귀속된다. 나머지 75퍼센트 중 75퍼센트는 사원에게 배분하고, 25퍼센트는 '적자(역사적 평균보다 노동비가 많은 경우)'를 대비하여 사내에 적립한다.

이 제도는 1930년대 후반 미국 노조 지도자 조지프 스캔런Joseph N. Scanlon에 의해 사원의 경영 참가를 위해 개발되었다. 사원의 원가 절감 아이디어를 창출하기 위해 노사 쌍방으로 구성되는 생산위원회와 심사위원회를 중심으로 사원들이 능동적으로 공장 운영에 참여함으로써 생산적이고 협력적 노사 관계를 구축하려는 점이 특징이다. 또한 사원들이 생산 부문의 예산 수립에 참여하도록 이끌고, 생산 과정을 개선하기 위한 제안 시스템을 가동하여 주체적으로 생산 과정에 참여하도록 유도한다.

8 | 경영자 보상

HUMAN RESOURCE

Executive Compensation

경영자executives는 회사의 주요 의사를 결정하는 임원 이상을 지칭한다. 이들의 업무에 대해 적절히 평가하고 보상하는 것은 회사의 발전에 매우 중요하므로 인적자원관리 분야에서는 경영자 보상executive compensation을 별도의 주제로 다룬다.

경영자 보상의 두드러진 특징 중 하나는 보상 액수가 직원과 비교해 매우 크다는 것이다. 미국 경제정책연구소Economic Policy Institute, EPI의 발표에 따르면 2019년 미국 상위 350개 기업의 최고 경영자 평균 보수는 2,130만 달러(252억 원)로, 일반 직원의 평균 보수 6만 7,000달러(7,900만 원)에 비해 320배나 많았다. 이 비율은 1965년 21대 1에서 1989년 61대 1, 2019년 320대 1로 임금 격차는 지속적으로 증가해 왔다. 조직 개발 전문 업체 지속성장연구소에 따르면, 한국 200대 기업의 경우 2019년 임원 1인당 평균 보수(3억 5,698만 원)는 직원 대비 3.8배 높았다. 최고 경영자는 임원보다 1.9배 더 많은 보수를 받았고, 직원 대비 8.7배 높았다. 2019년 국내 200대 기업의 등기 사내 이사의 1인당 평균 보수는 6억 8,783만 원인 반면, 부장급 이하 직원들은 7,919만 원으로 집계되었다.

경영자 보상과 관련한 논의는 급여 구조pay structure에 속한다. 보상과 관련해서는 급여 수준pay level과 급여 구성pay mix에 관한 논의가 있다. 급여 수준은 경쟁사 대비 어느 정도 수준의 급여를 지급할지에 관한 것인데, 급여를 시장 평균과 비교해 많이 주는 급여 선도 전략을 취하는 기업이 있고, 시장 평균보다 적게 주는 급여 추종 전략을 취하는 기업도 있다. 어떤 전략을 선택할지는 기업의 전략적 판단에 속하는 영역이다. 급여 구성은 급여 중 고정급과 성과급의 비중에 관한 것이다. 성과급 비중을 높게 가져가는 기업도, 그 반대의 경우도 있으며, 이 또한 기업의 중요한 전략적 결정 사항이다. 급여 구조는 각 직급별 급여 차이를 어느 정도로 책정할 것인가 하는 문제다. 상하 간 급여 차이를 많이 두는 미국식 급여 구조 전략도 있으며, 이와 달리 차이를 적게 두는 일본식 급여 구조 전략도 있다.

경영자에게 왜 거액의 보상이 주어지는가에 대한 논의 중 중요한 몇 가지를 다음에서 설명한다.

한계 생산성 이론

한계 생산성 이론marginal productivity theory은 우수한 경영자가 평균적인 경영자보다 추가 이익을 기업에 가져다주므로 이 추가 이익과 평균적인 경영자의 보상을 합한 것이 우수한 경영자의 보상이 되어야 한다는 이론이다. 따라서 경영자가 많은 이익을 가져다준다면 거액을 보상하는 것이 합리적이라는 결론이다. 문제는 실제로 우수한 경영자가 평균적인 경영자보다 얼마나 많은 이익을 창출하게 될지를 정확히 계산하기 어렵기 때문에 우수한 경영자에게 얼마를 주어야 할지를 알기 어렵다는 데 있다.

대리인 이론

대리인 이론agency theory은 기업에 주인(주주)과 대리인(임직원)이 있으며, 주인과 대리인은 이해관계가 일치하는 부분도 있으나 그렇지 않은 부분도 있어서, 대리인이 주인의 이익을 위해 최선을 다해 일하게 하려면 양자의 이해관계를 일치시켜야 한다는 이론이다. 대리인 이론에 의하면, 양자의 상이한 이해관계 일치를 위해 주인이 중시하는 지표(주가, 이익 등)를 대리인의 성과 지표로 삼아 성과에 비례하여 보상해야 한다. 이에 따라 경영자 보상의 일부를 주식과 연동된 보상으로 설계하여 경영자들이 주식을 많이 보유하게 함으로써 주인과의 이해관계를 부분적으로 일치시키는 것이다.

인적자본이론

앞서 설명한 바와 같이 인적자본은 사람이 보유한 지식, 기술, 역량을 지칭하는데, 경영자들이 보유한 탁월한 인적자본이 회사의 성과를 높여 주므로 이에 대해 보상해야 한다는 것이 인적자본이론human capital theory이다.

정치적 전략가 이론

정치적 전략가 이론political strategist theory에 의하면 기업이 만족시켜 주어야 하는 이해관계자 중에는 주주, 직원, 소비자, 정부, 환경 단체 등이 있다. 이해관계자가 많다 보니 이들의 요구도 다양하며 이들을 만족시키기란 쉬운 일이 아니다. 또한 이들 이해관계자는 서로 상충하는 이해관계를 갖기도 하여 경영자는 세심한 주의를 기울이며 이들을 만족시켜야 한다. 이처럼 다양한 이해관계자를 만족시키려면 경영자에게 충분한 보상을 주어야 한다는 것이 정치적 전략가 이론의 요지다.

이상의 이론은 경영자가 회사의 성과에 기여하는 바가 있으며 이에 대해 보상하는 것에 대해 설명하고 있다. 그러나 이와 결이 다른 이론도 있다. 대표적인 내용은 다음과 같다.

토너먼트 이론

토너먼트 이론tournament theory에 의하면 회사 생활에서 사원들은 더 높은 직위를 두고 서로 경쟁을 하고 있으며, 이 경쟁에서 승리하려는 욕구는 회사의 성과 향상을 위해 중요하다. 마치 토너먼트 경기처럼, 경쟁에서 이긴 사람은 계속해서 다음 단계의 승진 경쟁에 참여하게 된다. 이들이 열심히 일하여 경쟁에서 이기려는 욕구를 강하게 느끼게 하려면 경쟁에서 이긴 사람에게 많은 보상을 주어야 한다. 이런 거액의 보상은 회사에 입사하려는 인재 풀을 늘려서 우수한 인재를 선발할 가능성을 높여 주기 때문에 회사에 긍정적 효과를 미친다. 이런 이유로 토너먼트 이론에서는 경영자에게 거액의 보상을 주는 것이 합리적일 수 있다고 설명한다. 미국의 경우, 경영자 보상이 매우 큰데 보상 중 일부는 경영자의 성과에 대한 보상이지만 일부는 토너먼트 효과를 위한 것이다. 일본처럼 경영자 보상이 크지 않은 경우에는 경영자 보상에 토너먼트적 요소가 작다고 할 수 있다.

경영자 재량론

많은 기업에서 소유와 경영이 분리되어 있어 회사의 소유주들이 경영에 간섭하지 않고 전문 경영자들에게 회사의 경영을 맡기고 있다. 이로 인해 경영자는 회사의 실권자가 되어 경영의 모든 면을 관장하는데, 이를 '경영자 지배management control 상태'라고 한다. 이런 상황에서 경영자는 회사에 관한 주요 의사를 결정하게 되며 자신들의 보상에 관한 부분에도 영향을 미치게 되는 것이 경영자 재량론managerialism이다. 경영자 중 등기 임원의 보수는 이사회에서 결정하는 사항이지만 이사회의 구성원도 경영자가 추천하거나 영향을 미치는 인사가 선임되는 경우가 있기 때문에 경영자 보상에 경영자의 영향이 미치는 경우가 생긴다. 특히 소유와 경영이 분리된 미국에서 이런 현상이 나타날 가능성이 높다. 한국처럼 대기업의 소유주가 경영에도 참여하는 경우에는 경영자 지배 상태와 반대되는 소유자 지배 상황이 생긴다. 소유자 지배 상황은 우수한 전문 경영자를 잘 활용하지 못하면 효율적으로 경영하지 못하는 문제가 생길 수 있지만, 경영자 지배 상태와 달리 대리인인 임직원을 소유 경영자가 직접 관리하므로 경영자 지배 상태보다 대리인 문제를 줄일 수 있다.

경영자 보상의 구성 요소

경영자 보상은 네 가지 요소로 이루어진다. 첫째는 기본급base salary으로서 계약 기간 중 매년 고정적으로 지급된다. 둘째는 단기 성과급short-term incentive으로서 당해 연도의 경영 성과에 따라 그 액수가 변동되며 보너스라고도 불린다. 단기 성과급의 지급 방법은 두 가지인데, 전략적 목표를 달성했을 때 지급되는 경우goal-driven method와 약속된 공식에 따라 지급되는 경우formula-driven method가 있다. 전자는 회사가 중시하는 전략적 목표(예를 들어, 신제품 개발, 주요 기업의 인수합병 성공 등)를 달성하였을 때, 이에 대한 보상으로 보너스를 지급하는 경우다. 후자는 회사 이익이나 주가의 성장에 대해 그 일부를 미리 정해진 방식에 따라 보너스로 지급하기로 한 경우에 해당한다. 예를 들어, '순이익의 1퍼센트'와 같은 방식이다. 셋째는 장기 성과급long-term incentive이다. 단기 성과급이 1년 단위의 경영 성과에 대한 보상이라면 장기 성과급은 1년 이상의 기간에 대한 보상이다. 주로 주식을 활용하여 보상한다. 경영자 보상의 네 번째 요소는 복리 후생benefits이다. 경영자에게는 일반 직원의 퇴직금 산정 방식보다 더 관대한 방식이 적용되는 경우가 많고, 회사 차량 제공, 휴대폰 지급 등 직급에 따라 다양한 혜택이 주어진다.

다음에서는 장기 성과급의 여러 형태를 자세히 살펴보겠다.

스톡옵션

스톡옵션stock options은 주식 매수 선택권이라 부르며, 회사 주식을 현재의 가치로 미래 시점에 살 수 있는 권리를 말한다. 스톡옵션을 받은 경영자가 경영을 잘하여 회사 주가가 상승하면 경영자는 현재의 가격으로 주식을 살 수 있으므로 주가 상승분에 해당하는 차익을 보상받게 된다. 따라서 경영자는 주가를 높이려는 인센티브를 갖게 되며, 이는 주주의 이익과 일치하므로 스톡옵션은 대리인 문제 해결에 효과적인 보상 제도라 할 수 있다. 그럼에도 불구하고 미국에서 경영자의 스톡옵션을 비판하는 이유는 경영자가 회사의 실권을 장악하면서 과도하게 스톡옵션을 지급받아 회사의 이익을 침해하는 경우가 생기기 때문이다. 대리인 문제를 해결하기 위해 스톡옵션이 도입되었지만, 이를 이용하여 미국의 일부 경영자가 과도한 스톡옵션 수령으로 회사의 이익을 해쳤다는 사실은 역설적이라 할 수 있다.

스톡옵션의 또 다른 문제는 경영자가 주가를 높이려 무리한 행태를 보이기도 한다는 점이다. 실제로 미국 금융 당국은 2008년 글로벌 금융 위기의 원인 중 하나로 과도한 스톡옵션 부여가 금융 투자 회사 경영자로 하여금 비윤리적이거나 불법적 행동을 하게 했다고 판단했다. 이에 따라 미국은 금융 투자 업계에서 스톡옵션의 사용 중지를 권고했으며, 현재 한국을 포함하여 많은 나라가 금융 투자 업계에서 스톡옵션의 사용 중지를 권고하고 있다. 그러나 금융 투자 업계 이외의 산업에서는 여전히 스톡옵션이 사용되고 있다. 다만 예전과 같은 광범위한 사용은 줄어든 상태다.

스톡옵션을 받은 경영자는 그 스톡옵션 부여를 결의한 주주총회의 결의일로부터 2년 이상 재직해야만 스톡옵션을 실제로 행사하여 주식을 손에 쥘 수 있다. 이유는 스톡옵션의 취지가 경영자와 회사의 이해관계를 일치시키는 것이므로, 스톡옵션을 부여받자마자 행사하여 주식을 현금화하면 이해관계의 일치가 깨어지기 때문이다. '스톡옵션 부여 후 2년 이상 재직 요건'은 상법상 요건이며, 회사는 그 이상의 기간, 즉 3년 혹은 5년이 경과해야 경영자가 스톡옵션을 행사할 수 있다고 정할 수도 있다.

경영자가 스톡옵션을 행사하면 회사는 주식 대금을 받고 주식을 경영자에게 주어야 한다. 이때 회사는 신주를 발행하거나 미리 자사 주식을 매수해 두었다가 교부할 수 있다. 혹은 주가 차익 보상권stock appreciation rights을 사용할 수 있는데, 이는 경영자가 스톡옵션을 통해 받아야 할 차익(현재 주가와 행사 가격의 차이)을 계산하여 현금 혹은 자사주로 지급하는 방식이다. 회사는 이 방법 중 하나를 선택할 수 있다.

양도 제한 조건부 주식

양도 제한 조건부 주식restricted stock grants, RSG은 주식을 지급하는 시기에 따라 양도 제한 조건부 주식 인수권restricted stock units, RSU과 양도 제한 조건부 주식 보상restricted stock awards, RSA으로 나뉜다. RSU는 소정의 조건(주로 근속 연수)이 충족될 경우 주식을 받을 수 있는 '권리'를 부여 시점에 제공하고, 그 조건이 충족될 경우 주식을 지급한다. 보통 하나의 단위unit당 한 주를 부여하는 것이 일반적이지만 단위당 부여 주식의 수량을 다르게 책정할 수도 있다. RSU 부여 시점에 주식이 바로 교부되는 것이 아니기 때문에 주식에 대한 배당권이나 의결권 등을 갖지 못한다. 반면, RSA는 부여 시점에 주식이 교부되기 때문에 주식 보유에 따른 배당권과 의결권 등의 권리를 갖게 된다. 단, 소정의 조건(주로 근속 연수)이 달성되기 전까지 매도할 수 없으며, 그 전에 퇴사하여 조건 이행이 불가능해진 경우에는 몰수된다.

양도 제한 조건부 주식은 추후 주가가 하락하더라도 주식의 가치가 남아 있으므로 부여 대상자에게 금전적 이득을 줄 수 있다. 반면, 스톡옵션은 부여 시점보다 주가가 하락하면 가치가 없어지므로 부여 대상자의 관점에서 위험이 크며, 이 때문에 부여 대상자가 주가를 부양하려는 과도한 의욕을 보이게 되면서 앞에서 언급한 윤리적·법적 문제를 일으키기도 한다.

한국의 금융 당국은 '금융투자회사 성과보상체계 모범규준'에서 단기 성과를 중요시하는 스톡옵션을 폐지하고, 3년 이상 장기간 성과를 평가해 주식을 나눠 주는 스톡 그랜트stock grant를 권고하고 있다.

이 스톡 그랜트의 대표적인 사례가 양도 제한 조건부 주식이다. 현재 많은 미국 기업이 양도 제한 조건부 주식을 사용하고 있다. 다음은 구글의 최고 경영자 순다르 피차이Sundar Pichai의 보상 패키지다.

2020~2021년 보상 패키지

- 기본급: 200만 달러(알파벳 최고 경영자로서 기본급).
- 양도 제한 조건부 주식: 1억 5,000만 달러(2022년부터 분기별로 분할 베스팅vesting).
- 성과 연동 주식 보상: S&P100 주가 지수 대비 알파벳의 주가 수익률 성과에 따라 매년 지급. 상한액 9,000만 달러.

위에서 'vesting'은 권리 확정이라는 뜻이며 양도 제한 조건부 주식이 2022년부터 분기별로 분할 베스팅vesting된다는 것은 한 분기가 지날 때마다 약속한 양도 제한 조건부 주식의 25퍼센트씩 피차이에게 권리가 확정된다는 뜻이다. 따라서 4개 분기 동안 근속하면 약속한 양도 제한 조건부 주식(1억 5,000만 달러)이 모두 피차이 소유로 확정된다. 이는 장기 근속을 유도하기 위한 장치로, 이러한 보상을 '황금 수갑'이라고 부른다. 만일 2022년 이전에 다른 회사로 이직한다면 양도 제한 조건부 주식을 한 주도 받을 수 없게 된다.

2022~2023년 보상 패키지

- 기본급: 연 200만 달러.
- 양도 제한 조건부 주식: 총 2억 1,800만 달러(2024년부터 분기별로 분할 베스팅).
- 성과 연동 주식 보상: S&P100 주가 지수 대비 알파벳의 주가 수익률 성과에 따라 매년 지급. 상한액 9,000만 달러.

미국의 대표 기업답게 경영자 보상액이 매우 큰데, 특징적인 점은 기본급보다 주식에 의한 보상(양도 제한 조건부 주식)이 훨씬 큰 비중을 차지한다는 것이다. 성과 연동 주식 보상도 회사의 주가 수익률에 연계되어 있는데, 이러한 보상 요소들은 주가 상승을 통해 주주 이익을 극대화하는 것이 경영자의 가장 큰 책무로 설정되어 있음을 보여준다. 또한, 양도 제한 조건부 주식을 부여한 시점을 보면, 2년이 지나야 분기별로 분할 베스팅하게 하여 양도 제한 조건부 주식을 황금 수갑의 일환으로 사용하고 있다.

국내에서는 한화 그룹이 2020년 양도 제한 조건부 주식의 한 종류인 RSU를 최초로 도입했으며, 이후 네이버, 쿠팡, 두산, 크래프톤 등 다양한 회사에서 활용하고 있다.

성과 연동형 보상

경영자의 경영 성과와 보상을 연계한 보상 제도를 성과 연동형 보상 performance unit이라고 부른다. 성과 연동형 보상의 대표적인 사례는 삼성 그룹의 임원 장기 성과 인센티브 제도다. 이 제도는 삼성 그룹에서 2005년에 스톡옵션 제도를 폐지하면서 도입했다. 고위 경영진이 단기적 시각이 아닌 장기적 시각으로 경영 성과를 내도록 유도하기 위해 3년마다, 지난 3년의 경영 성과(자기자본이익율ROE, 주가 등)를 기초로 지급한다. 삼성 전자의 경우 3년마다 성과 연동형 보상을 통해 임원 1인당 수억 원의 보상이 주어지는 것으로 알려져 있다.

2005년 당시 삼성 그룹이 임직원에 대한 장기 성과급으로 스톡옵션을 폐지하고 성과 연동형 보상 제도로 대체한 이유는 삼성 그룹 내 상장사와 비상장사 간의 보상 격차 때문이다. 삼성 그룹의 경우, 과거부터 스톡옵션이 상장사 임직원에게는 부여되었으나 비상장사에서는 주가가 형성되지 않아 스톡옵션이 지급되지 않았다. 그런데 2000년대를 전후하여 삼성 그룹이 세계적으로 도약하면서 상장사 주가가 크게 상승하여 스톡옵션을 받은 임직원들은 큰 보상을 받게 되었고, 비상장사 임직원은 상대적으로 소외되는 현상이 발생했다. 이에 삼성 그룹은 임직원의 성과에 충분히 보상을 지급하면서도 상장사와 비상장사 간의 불필요한 격차를 해소하기 위해 스톡옵션을 폐지하고 성과 연동형 보상 제도로 대체한 것이다. 초기에는 3년마다 지급액의 100퍼센트를 일시에 지급했으나, 이후 2008년 글로벌 금융 위기를 거치면서 미국을 중심으로 경영자 보상 방식이 변화함에 따라 삼성 그룹도 단계별 지급 방식을 채택했다. 3년이 지난 후 첫해에 지급액의 50퍼센트를 지급하고, 다음 해에 25퍼센트를, 그 후년에 25퍼센트를 지급하고 있다. 이 기간 중 뒤늦게 숨겨진 부실이나 경영상 과오가 발견되면 장기 성과 보수가 지급되지 않는다. 특히 한국의 금융 당국은 '금융투자회사 성과보상체계 모범규준'을 마련하여 성과급을 3년 이상에 걸쳐 나눠 지급하고, 성과급의 50퍼센트 이상은 자사주나 주식 연계 상품 등으로 주도록 권고하고 있다. 이에 부응하여 삼성 그룹 금융 계열사(삼성증권, 삼성생명, 삼성화재, 삼성카드 등)는 자사주 형태의 상여금을 지급하고 있다.

경영자 보상 제도의 변화

한국의 경영자 보상 제도는 다른 인사 제도와 마찬가지로, 선진적인 경영 제도를 사용하는 여러 미국 기업의 영향을 받아 왔다. 미국 기업이 주식 보상을 통해 경영자에게 거액의 보상을 하는 것을 보면서, 한국의 대기업들도 1990년대 이후 임원 보상 액수를 성과에 연동시켜 전반적으로 보상 총액을 증가시켜 왔다. 특히 스톡옵션이 경영자와 주주 간 이해관계를 일치시켜 주는 보상 제도로 미국에서 각광받으면서 한국 대기업도 1990년대에 이를 대거 도입했다. 그러나 이 제도가 미국의 글로벌 금융 위기의 주범 중 하나로 지목되어 사용이 대폭 줄어들면서 한국도 스톡옵션 제도를 다른 장기 보상 제도로 대체하고 있다.

미국의 최고 경영자 보상 총액 변화 추이는 [그림 8]과 같다. 대상은 미국 S&P 500(스탠더드 앤드 푸어스 500 대기업) 최고 경영자이다.

1992년에 약 300만 달러던 보수 총액 중앙값이 2023년 1,630만

[그림 8] 미국의 최고 경영자 총보수의 중앙값(median) 변화 추이

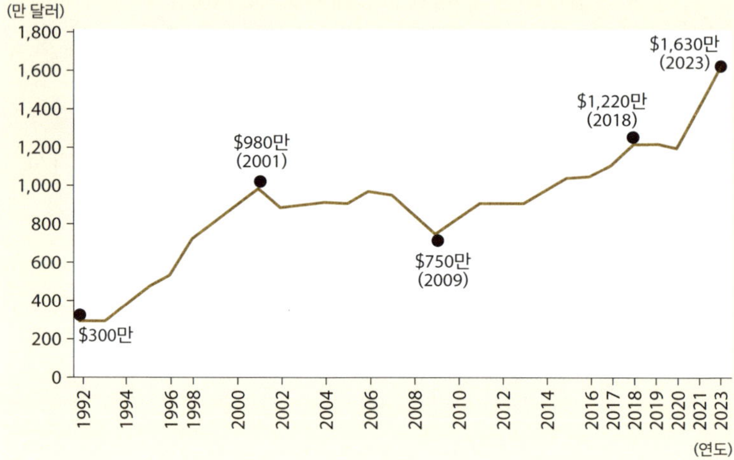

달러(약 227억 원)로 증가했다. 이는 미국 기업 근로자 평균 보수의 200여 배에 해당하여 과도한 급여 차이가 항상 사회적 이슈로 거론되고 있다. 그러나 기업 가치를 높이기 위해 기업 간 인재 확보 경쟁이 시장의 수요와 공급 원칙에 따라 최고 경영자 보상을 자연스럽게 밀어 올린 것이라는 견해도 있고, 미국 경영자의 우수한 성과에 비례한 정당한 보상이라는 의견도 있다.

보수 총액만큼 중요한 사안은 보수의 구성pay mix이다. [그림 9]에 나타난 바와 같이 1992년 총보수(약 300만 달러)의 41퍼센트는 기본급이었고, 26퍼센트는 단기 성과급(보너스), 나머지는 스톡옵션(24퍼센트), 양도 조건부 주식(5퍼센트), 기타(5퍼센트)였다. 이후 추세를 보면 기본급은 계속 하향하여 2022년에는 10.5퍼센트로 줄어들었다. 단

[그림 9] 미국 최고 경영자 총보수의 구성 비율

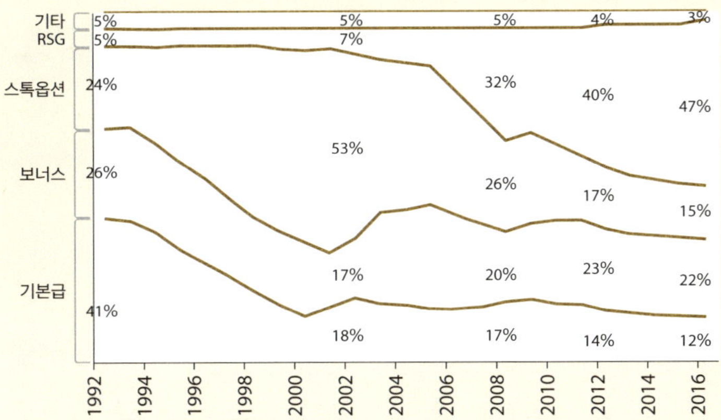

기 성과급도 그 비중이 계속 줄어들어 2022년에는 23퍼센트가 되었다. 반면, 장기 성과급(양도 조건부 주식 포함)은 1992년 50퍼센트를 차지하다가 2022년에는 64퍼센트로 늘었다. 또 한 가지 중요한 점은 스톡옵션의 비중이 현격히 감소한 것이다. 스톡옵션의 비중은 24퍼센트(1992년)에서 53퍼센트(2001년)로 증가하여 2001년에는 총보수 구성 요소 중 가장 중요한 요소였으나, 이후 점차 감소하다가 결정적으로 2008년 글로벌 금융 위기 이후 미국 금융 감독 당국이 금융권의 스톡옵션 사용을 금지하면서 대폭 감소했다. 상대적으로 양도 조건부 주식RSG은 1992년에는 미미한 존재였으나 이제는 과거 스톡옵션이 누렸던 지위를 차지하게 되었다.

참고문헌

Han, J., Kathryn M. Bartol, and S. Kim, 2015, "Tightening up the Performance-Pay Linkage: Roles of Contingent Reward Leadership and Profit-Sharing in the Cross-Level Influence of Individual Pay-for-Performance," *Journal of Applied Psychology* 100(2): 417-430.

Han, J. et al., 2018, "Effects of High-Performance Work System on Transformational Leadership and Team Performance: Investigating the Moderating Roles of Organizational Orientations," *Human Resource Management* 57(5): 1065-1082.

Joo, H., H. Aguinis, and K. J. Bradley, 2017, "Not All Non-normal Distributions Are Created Equal: Improved Theoretical and Measurement Precision," *Journal of Applied Psychology* 102(7): 1022-1053.

Lee, H. W., J. N. CHOI, and S. Kim, 2018, "Does Gender Diversity Help Teams Constructively Manage Status Conflict? An Evolutionary Perspective of Status Conflict, Team Psychological Safety, and Team Creativity," *Organizational Behavior and Human Decision Processes* 144: 187-199.

Lee, H. W. et al., 2019, "Effects of Human Resource Management Systems on Employee Proactivity and Group Innovation," *Journal of Management* 45(2): 819-846.

Oh, I. et al., 2017, "Human Capital Factors Affecting Human Resource Managers' Commitment to HR and the Mediating Role of Perceived Organizational Value on HR," *Human Resource Management* 56(2): 353-368.

Oh, I. et al., 2018, "Do Birds of a Feather Flock, Fly, and Continue to Fly Together? The Differential and Cumulative Effects of Attraction, Selection, and Attrition on Personality-Based Within-Organization Homogeneity and Between-Organization Heterogeneity Progression Over Time," *Journal of Organizational Behavior* 39: 1347-1366.

Oh, I., S. Kim, and Van Iddekinge, 2015, "Taking it to another level: Do personality-based human capital resources matter to firm performance?" *Journal of Applied Psychology* 100(3): 935-947.

Pak, J., and S. Kim, 2018, "Team manager's implementation, high performance work systems intensity, and performance: A multilevel investigation," *Journal of Management* 44(7): 2690-2715.

Park, J., and S. Kim, 2017, "Pay Dispersion and Organizational Performance in Korea: Curvilinearity and the Moderating Role of Congruence with Organizational Culture," *International Journal of Human Resource Management* 28(9): 1291-1308.

Park, T. Y., S. Kim, and L. K. Sung, 2017, "Fair Pay Dispersion: A Regulatory Focus Theory View," *Organizational Behavior and Human Decision Processes* 142: 1-11.

Ryu, S. et al., 2017, "Determinants of the strategic involvement of human resource departments: Evidence from large South Korean firms," *Asia Pacific Journal of Human Resources* 55: 44-63.

Tenhiälä, A. et al., 2016, "The Research-Practice Gap in Human Resource Management: A Cross-Cultural Study," *Human Resource Management* 55(2): 179-200.

Yoon, H. et al., 2015, "Tangible and Intangible Rewards and Employee Creativity: The Mediating Role of Situational Extrinsic Motivation," *Creativity Research Journal* 27: 383-393.

저자 소개

김성수 교수는 서울대학교 경영학과를 졸업하고, 미국 시카고대학교에서 석사 학위를, 캘리포니아대학교(로스앤젤레스 캠퍼스)에서 박사 학위를 받았다. 케이스웨스턴리저브대학교와 뉴욕주립대학교(스토니브룩캠퍼스)에서 교수를 역임했으며, 현재 서울대학교 경영대학 및 경영대학원에서 인사·조직관리 분야의 교수로 재직하고 있다. 인사관리 시스템(채용, 개발, 평가, 보상 등)과 조직문화 분야에서 활발한 연구 활동을 펼치며, *Academy of Management Journal, Journal of Applied Psychology* 등 세계적 학술지에 다수의 논문을 게재했다. 아모레퍼시픽, 씨에스윈드, 대림씨엔에스 등에서 사외이사로 재직했으며, 삼성, SK, 현대자동차, LG, 롯데, 하나금융지주 등 국내외 주요 기업에 오랜 기간 경영 자문과 강연 활동을 이어 왔다. 인사·조직관리의 국내 대표 학자로서 미국 경영학회 최우수논문상, 미국 산업조직심리학회(SIOP) 최우수논문상, 한국갤럽 학술논문상 최우수상, 머서(Mercer) 컨설팅 최우수논문상, 한국인사조직학회 국제학술상, 서울대학교 경영대학 우수연구상 등을 수상했다. 지은 책으로는 대한민국학술원 우수도서로 선정된 『한국기업의 성과주의 인사시스템 변천』, 『한국기업 성과급제도의 변천』을 비롯해 『기업의 인재관리 전략: 하나금융그룹의 사례를 중심으로』, 『KT의 인사시스템과 기업문화』, 『대림의 조직문화와 인사시스템』 등이 있다.